中等职业教育规划教材

ZHONGDENG ZHIYE JIAOYU GUIHUA JIAOCAI

市场营销（第二版）

主 审　徐　群　梁泽洪

主 编　曹艳琴　周翠俭

暨南大学出版社

JINAN UNIVERSITY PRESS

中国·广州

图书在版编目（CIP）数据

市场营销/曹艳琴，周翠俭主编．—2 版．—广州：暨南大学出版社，
2013.9（2020.9 重印）
（中等职业教育规划教材）
ISBN 978 - 7 - 5668 - 0629 - 1

Ⅰ.①市…　Ⅱ.①曹…②周…　Ⅲ.①市场营销学—中等专业学校—教材
Ⅳ.①F713.50

中国版本图书馆 CIP 数据核字（2013）第 124474 号

市场营销（第二版）
SHICHANG YINGXIAO（DIERBAN）
主　编：曹艳琴　周翠俭

出 版 人：张晋升
责任编辑：冯　琳　苏彩桃
责任校对：史　阳
责任印制：汤慧君　周一丹

出版发行：暨南大学出版社（510630）
电　　话：总编室（8620）85221601
　　　　　营销部（8620）85225284　85228291　85228292　85226712
传　　真：（8620）85221583（办公室）　85223774（营销部）
网　　址：http：//www.jnupress.com
排　　版：广州市天河星辰文化发展部照排中心
印　　刷：广东虎彩云印刷有限公司
开　　本：787mm×1092mm　1/16
印　　张：14
字　　数：296 千
版　　次：2008 年 9 月第 1 版　2013 年 9 月第 2 版
印　　次：2020 年 9 月第 8 次
印　　数：13201—13800 册
定　　价：35.00 元

（暨大版图书如有印装质量问题，请与出版社总编室联系调换）

前　言

作为商贸、财经类专业的入门教材，本书主要介绍了营销基本概念、营销环境与营销观念、STP 战略、产品策略、定价策略、渠道策略、促销策略等内容。

本教材有以下特点：

（1）由多位多年从事市场营销教学的中职教师共同编写，充分考虑中职院校的培养目标定位和中职学生的学习能力，依据实用性原则选择理论知识要点。

（2）每章首有一个案例，其内容都涉及本章的主要理论应用，由案例破题，循序渐进地介绍相关知识，容易被学生理解和掌握。

（3）根据教师们多年教学经验的积累，反复筛选，配备合适的案例，强调理论联系实际。

（4）各章分别配有要点警句、趣味讨论、课堂练习、本章汇总、课后练习、案例分析等内容，能更好地满足教师的教学需要。

总之，本教材为中职学生量身定制，强调理论联系实际，强调紧跟形势，强调务实精神，努力使学生真正掌握市场营销学的知识，并能运用到实践中去。除此以外，本教材在排版上一改过去单一的样式，力求做到生动活泼、图文并茂，相信学生会喜欢。

本教材第一版出版后，受到了职校同行们的认可和欢迎，我们吸收和采纳了各校的教材使用反馈意见，力求改进。这次再版，主要改进包括：删减了第八、九章，重编了第二、六章，调整了章节结构，使之更加合理，并增加了更多的精选案例，对原来的每章练习题重新进行了编写，修正原有的个别错漏处。

由于水平有限，时间紧迫，书中不妥之处在所难免，敬请同行和读者批评指正。

编　者
2013 年 6 月

目 录 CONTENTS

前 言 /1

第一章 市场营销概述 /1
第一节 市场 /2
第二节 市场营销 /7
第三节 市场营销观念的演变 /12
本章汇总 /18

第二章 营销环境分析 /23
第一节 营销环境概述 /24
第二节 宏观营销环境 /27
第三节 微观营销环境 /38
第四节 营销环境分析与对策 /42
本章汇总 /48

第三章 STP 战略 /54
第一节 市场细分 /55
第二节 目标市场策略 /66
第三节 市场定位 /69
本章汇总 /73

第四章 产品策略 /78
第一节 产品 /79
第二节 产品组合及策略 /82
第三节 产品生命周期及策略 /86
第四节 新产品开发 /93
第五节 品牌策略 /99
第六节 包装策略 /106
本章汇总 /108

第五章　定价策略 /117

第一节　定价原理 /118

第二节　定价方法 /123

第三节　定价策略 /127

第四节　调价策略 /138

本章汇总 /141

第六章　渠道策略 /148

第一节　分销渠道概述 /149

第二节　中间商 /155

第三节　分销渠道策略 /159

第四节　物流策略/ /168

本章汇总 /175

第七章　促销策略 /183

第一节　促销 /184

第二节　人员推销 /189

第三节　广告 /193

第四节　营业推广 /197

第五节　公共关系 /202

第六节　促销组合 /206

本章汇总 /209

参考文献 /217

再版后记 /219

第一章 市场营销概述

[学习目标]

1. 掌握市场的含义和分类
2. 掌握市场营销的含义和核心概念
3. 了解市场营销观念的演变，树立现代营销观念

[案例导引]

耐克公司的成功之道

耐克公司创建于 20 世纪 60 年代，看看它的业绩吧：到 20 世纪 70 年代，仅 10 年工夫就成为美国最大的制鞋公司；80 年代的营业额超过 37 亿美元，占美国运动鞋市场的一半；在 1986—1996 年期间，《财富》杂志评出的全美 1 000 家公司中，耐克公司排在前 10 名；1997 年营业额为 91.86 亿美元。然而，让人难以置信的是年销售额接近 100 亿美元的公司，没有购置一件生产设备，它的总部只有一支不到 70 人的市场营销和产品设计师队伍。它将自己的全部财力物力投入到市场营销和产品设计两大部门中去，全力培育公司的产品设计和市场营销能力，生产则外包给韩国、中国等生产基地，这就是著名的"耐克模式"。抓市场营销是耐克公司由小变大、由大变强的"点金术"，也是世界上所有强大的跨国企业的制胜法宝。从本例中可以看出，市场营销对企业的发展有着非常重要的作用。

思考：

（1）什么是市场营销？

（2）市场营销对企业的成长和发展有何意义？

第一节 市场

一、市场的含义

市场是一个既古老又现代的概念，随着商品经济的不断发展，它的范围更广，内涵更丰富。市场主要有以下几层含义：

（一）市场是商品交换的场所

这是一种狭义的、传统的市场概念，这种市场实质上就是买者与卖者聚集在一起进行商品交换的地点和场所。"日中为市，聚天下之民，取天下之货，交易而退，各得其所。"

在这里，买卖双方一手交钱，一手交货，钱货两清，各得其所，如超级市场、农贸市场等。

（二）市场是消费者需求的总和

市场营销学要研究作为销售者的企业的市场营销活动，即企业如何通过整体市场营销活动，适应并满足顾客需求，以实现经营目标。因此，在这里，市场是指某种产品的现实购买者与潜在购买者需求的总和。商品需求是通过消费者体现出来的，如果我们说某产品没有市场，实际上就是指消费者对这种产品没有需求。对于企业来讲，商品定价以后，如果有消费者愿意以此价格购买，就意味着产品有市场。

［例］老板让小王到顺德乐从进行市场考察，回来要向他汇报："1. 乐从有没有家具市场？2. 家具在乐从有没有市场？"这里第一个问题中的市场是指商品交换的场所，第二个问题中的市场则是指的市场需求。

因此，作为营销市场，它包含 3 个主要因素，即有某种需要的人、为满足这种需要的购买能力和购买欲望。用公式表示就是：

$$市场 = 人口 + 购买力 + 购买欲望$$

如果一个国家或地区人口众多，但收入很低，购买力有限，则不能构成容量很大的市场；如果购买力很大，但人口很少，也不能形成很大的市场；只有人口多，购买力又高，才能形成一个庞大而具有潜力的市场。如果提供的产品不能引起人们的购买欲望，仍然不能成为现实的市场。构成市场的这三个要素是相互制约、缺一不可的，只有三者结合起来才能形成现实的市场，才能决定市场的规模和容量。

（三）市场是商品交换关系的总和

市场是指在一定时间、一定地点条件下商品交换关系的总和。这是广义的市场概念，任何一个商品生产者、经营者的买卖活动必然会与其他商品生产者、经营者的买卖活动发生关系。市场是商品生产者、中间商、消费者交换关系的总和。任何一个企业都只能在整体市场上开展营销活动，企业的运转时时刻刻都与市场保持着输入输出的交换关系。正因为如此，市场才成为每一个企业赖以生存与发展的空间和环境。通常所说的市场机制、市场调节，就是这种意义上的市场。

要点警句

市场三要素是人口、购买力和购买欲望。

趣味讨论

从总体上说，中国、日本、韩国这三个国家哪国市场最大？为什么？

中国　　　　　　　　日本　　　　　　　　韩国

二、市场的分类

（一）消费者市场

1. 消费者市场的含义

消费者市场是指个人或家庭为了生活消费而购买商品或服务的市场。

［例］食品、副食品和日用品市场，就是消费者市场，见图1－1。

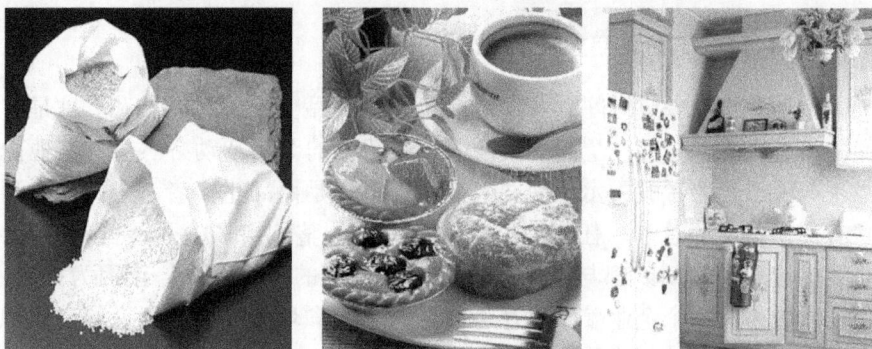

图1-1 食品、副食品、日用品

消费者市场是整个社会经济活动为之服务的最终市场，因此消费者市场是市场营销学研究的重点。

2. 消费者市场的特点

相对组织者市场，消费者市场一般有以下几个特点：

（1）每次购买产品数量较少；

（2）购买产品的次数频繁；

（3）购买者人数众多；

（4）购买者大多数是产品的外行；

（5）购买目的是为了满足生活需要。

3. 消费品的分类

按消费者购买习惯和特点划分，消费品可分为以下几类，见表1-1：

表1-1 消费品按消费者购买习惯和特点分类

名称	特点	举例
日用品	经常需要，随时购买，选择性小，就近购买	牙刷、牙膏
选购品	在购买前经过挑选、比较，愿走较多路购买	皮鞋、外套
特殊品	价格高，有名气，使用时间较长，愿走更多路购买	名牌钢琴

按消费品的使用寿命长短与消费品的可触性划分，见表1-2：

表1-2 消费品按使用寿命长短与可触性分类

名称	特点	举例
耐用品	使用时间和更换周期较长	彩电、冰箱
消耗品	使用次数少，甚至只使用一次就要更换	信纸、信封
劳 务	提供无形产品——服务	理发、照相

4. 消费者在购买过程中的角色

消费者在购买过程中，特别是在购买中高档商品时可能扮演不同的角色，按其在购买过程中的不同作用，可划分为以下 5 种：

（1）倡议者：首先想到并提议购买某商品的人；

（2）影响者：对购买某商品有一定影响的人；

（3）决策者：决定是否买、何时买、何处买、买何种品牌的人；

（4）购买者：实际购买商品的人；

（5）使用者：实际使用产品的人。

［例］某家庭在购买电脑时，第一个倡议人是读书的孩子，影响者是父母的亲戚、同事、朋友，决策者是父母，购买者是父母和孩子，使用者主要是孩子，父母也跟着学上网。

在以上 5 种角色中，营销人员最关心的是决策者是谁。

5. 消费者购买决策过程

消费者完整的购买决策过程是以购买为中心，包括购买前和购买后的一系列活动在内的复杂行为过程。消费者购买决策过程具体可分为 5 个阶段：确定需要—收集信息—评估选择—决定购买—购后行为。

［例］商店的经营者发现生意不好，想要装饰商店，这是"确定需要"；接着打听价格，发现网上装饰店价格便宜，而专业的装饰店价格较贵，这是"收集信息"；于是店主比较两者的价格与质量，这是"评估选择"；最后决定请价廉物美的网上装饰店装饰，这是"决定购买"；使用后觉得很合算，又介绍朋友去装饰，这是"购后行为"。

6. 消费者购买行为模式

企业为了扩大销售，要调查、研究消费者的购买行为和规律，主要集中在五个"W"和一个"H"上，见表 1 - 3：

表 1 - 3　消费者购买行为研究方向

项目	企业研究方向
何人购买（Who）	顾客是谁，主要是哪几种类型的人
为何购买（Why）	消费者的购买动机是什么
何处购买（Where）	应该通过何种渠道销售
何时购买（When）	决定新产品上市时间和促销时机
购买什么（What）	决定开发何种产品与服务
如何购买（How）	采取何种对策以方便顾客购买

以上 6 个方面构成了企业对消费者进行调查、研究的核心内容。企业只有对这 6 个因素进行综合分析，才能收到良好的营销效果。

（二）组织者市场

1. 组织者市场的类型及含义

组织者市场一般可分为3种类型：

（1）生产者市场；

（2）中间商市场；

（3）政府市场。

这里主要分析生产者及其购买行为。生产者市场是指生产者为了获取利润进行再生产而购买产品的市场。例如，企业为生产而购买原材料、零配件等，就是一种生产者市场，见图1-2。生产者市场的特点与前面所述的消费者市场的特点基本相反。生产资料购买行为的参与者，则与消费资料购买行为的参与者相似。

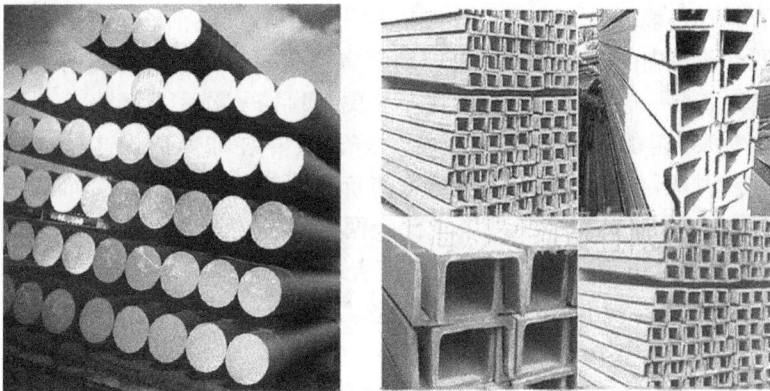

图1-2　钢材市场

2. 生产者购买行为的类型

一般可分为以下3种：

（1）直接重购。

在供应方、购买对象、购买方式、购买地点等不变的情况下，生产者购买过去曾经购买过的产品的类型，这种购买最简单。

（2）修正重购。

生产者在适当改变原先所购产品的规格、花色、品种、价格、数量或其他交易条件后再进行购买的类型，这种购买稍复杂。

（3）新购。

生产者首次购买某种商品或服务，购买前对产品、企业要进行调查论证的类型，这种购买最复杂。

3. 生产者的购买决策过程

生产者的购买决策过程，尤其是"新购"的决策过程较为复杂，一般由以下几个阶段构成：

（1）认识需求。

这是生产资料购买决策过程的初始阶段，指企业人员认识到要购买某种产品以满足企业的某种需求。

（2）确定需求。

企业提出需求的种类与特征。

（3）说明需求。

企业确定待购买商品的具体规格及性能。

（4）调查和寻找供应商。

企业通过工商企业名录或其他商业资料来查找可能的供应商。

（5）分析供应商的建议书。

企业要求每个可能的供应商提供详细的建议书，并进行分析挑选。

（6）决定选择供应商。

企业根据供应商的产品质量、价格、信誉、技术服务等指标来评价、选择最终的供应商。

（7）履行常规的购货手续。

企业以订货单的形式向选定的供应商订货。

（8）评价购买结果。

企业将使用部门和有关部门对供应的商品的意见收集起来，进行全面评价。

课堂练习

市场是（　　）。

A. 购买地点　　　　B. 商品交换关系的总和
C. 消费者需求　　　D. 销售地点

第二节　市场营销

一、市场营销的含义

市场营销自产生、发展以来，许多中外学者对其已经有过上百种定义。我们把其精华部分组合起来，形成了市场营销的含义：市场营销是指企业以顾客需要为出发点，综合运用各种战略与策略，把商品和服务整体地销售给顾客，尽可能满足顾客需求，并最终实现自身目标的经营活动。

从以上含义可以看到市场营销的 3 个要点：

（1）出发点：顾客需求。

（2）手段：各种战略与策略。

（3）目标：满足顾客需求，实现自身目标。

进一步分析、理解市场营销的含义时应注意：

（1）从功能特点看，营销不等同于推销。推销只是营销的一个部分，只是企业营销人员的职能之一，而不是重要的职能。

（2）从经营过程看，营销是一个包含产前、产中、产后和销后的全过程。

（3）从管理过程看，企业借助计划、组织、领导、控制职能进行营销活动的管理。

（4）从微观角度看，营销是企业其他各项职能如财务、人事、生产的核心。

（5）从宏观角度看，营销是一种社会经营活动过程，构成社会营销体系，满足全体社会成员各种各样的需要。

要点警句

市场营销不等同于推销。

二、市场营销的核心概念

营销包含了许多核心概念，其中主要有：需要、欲望和需求，产品，交换和交易，市场营销者，4Ps 和 4Cs。下面分别加以介绍：

（一）需要、欲望和需求

人的需要和欲望是市场营销的出发点和基础。人们为了维持生活就必须吃、穿、住、用、行，因此需要空气、水、食物、衣服、住所。除此之外，人们对精神生活，如旅行、娱乐、教育等有着强烈的欲望。

需要是指人们没有得到某些基本满足的感受状态。人们在生活中，需要食品、衣服、住所、安全、爱情以及其他一些东西。这些需要都不是社会和营销者能够创造的，它们存在于人自身的生理机能和情感条件中。因此，需要是人本身所固有的，它不能被营销者所创造。

欲望是指人们想得到某些基于具体满足物的欲望。一个人需要食品，想得到一个汉堡；需要令人注意，想得到一件名牌服装；需要娱乐，想到剧院去看表演；需要休闲，想去逛街。

需求是指人们有能力购买并且愿意购买某个具体商品的欲望。当具有

购买能力时，欲望便转化为需求。

[例] 许多人想拥有房子，但只有一部分人愿意并能够购买。因此，房地产公司不仅要估量有多少人想要本公司的商品房，更重要的是应该了解有多少人真正愿意并且有能力购买，只有在有人愿意而且能够购买的情况下，才能形成现实的商品房需求。

（二）产品

人们靠产品来满足自己的各种需要和欲望。因此，可将产品表述为能够用来满足人们某种需要或欲望的任何东西。人们通常用产品和服务这两个词来区分实体产品和无形产品。实体产品的重要性不仅在于拥有它们，更在于通过使用它们来满足人们的需求。人们购买小汽车不仅是为了观赏，主要是因为它可以提供交通服务。所以，实体产品实际上是传送服务的工具。顾客不是为了产品的实体而购买产品，而是因为产品实体是提供服务的基础，即通过购买某种产品实体能够获得自己所需要的服务，满足一定的欲望。因此，人们选择购买某一产品时，所依据的往往是各种产品的效用和价值，即产品满足其需要的能力。

（三）交换和交易

营销的目的是为了实现交换，满足顾客需求和实现自身目标。因而企业与顾客的关系首先是一种交换关系。交换是指通过提供某种东西作为回报，从别人那里取得所需物品的行为和过程。交换的发生必须具备 5 个条件：

（1）至少有两个以上的买卖（或交换）者；

（2）交换双方都拥有自由选择的权利；

（3）交换双方都有沟通及向另一方运送货品或服务的能力；

（4）交换双方都拥有自由选择的权利；

（5）交换双方都觉得值得与对方交易。

具备了上述条件，就有可能发生交换行为。但交换能否真正发生，取决于双方能否找到交换条件，即交换以后双方感到获益，感觉比交换以前好（至少不比交换以前差）。

交换应看作是一个过程而不是一个事件。如果双方正在进行谈判，并趋于达成协议，这就意味着他们正在进行交换。一旦达成协议，我们就说发生了交易行为。交易是交换活动的基本单元，是由双方之间的价值交换所构成的行为。一次交易包括 3 个可以量度的实质内容：

（1）至少有两个有价值的事物；

（2）买卖双方的存在；

（3）买卖双方所同意的条件。

（四）市场营销者

在交换双方中，如果一方比另一方更主动、更积极地寻求交换，则前者称为市场营销者，后者称为潜在顾客。所谓市场营销者，是指希望从别人那里取得资源并愿意以某种有价之物作为交换的人。市场营销者可以是卖主，也可以是买主。假如有几个人同时想买正在市场上出售的某种奇缺产品，每个准备购买的人都尽力使自己被卖主选中，这些购买者就在进行市场营销活动。在另一种场合，如果买卖双方都在积极寻求交换，那么，就把双方都称为市场营销者，并把这种情况称为相互市场营销。

（五）4Ps 和 4Cs

企业可以控制的开拓市场的因素有很多，它们可以分成几类，最常用的一种分类是 E·麦卡锡提出的，他把各种营销因素归纳为 4 大类，即：

（1）产品（Product）；

（2）价格（Price）；

（3）渠道（Place）；

（4）促销（Promotion）。

以上简称 4Ps。市场营销中所讲的营销组合，也是这 4 个"P"的适当组合与搭配，它体现了在市场营销观念指导下的整体营销思想。虽然市场营销在不断的发展过程中又有人提出了 8Ps 和 12Ps，但不管有多少，它都是建立在 4Ps 基础之上的。

4Ps 实际上是站在销售者的立场上来讲的，这并不能完全代表日益挑剔的消费者的思想。罗伯特·劳特伯恩强调营销者应从顾客出发，为顾客提供利益。所以，他提出了与 4Ps 相对应的顾客 4Cs，即：

（1）顾客（Customer）需要与欲望。即商品能否满足消费者的需要。

（2）费用（Cost）。即消费者为获取这一商品所能承受的费用。

（3）便利（Convenience）。即这种商品是否容易买到，它有多少销售网点，提供什么服务。就顾客而言，便利性属于服务范畴。

（4）沟通（Communication）。即企业用什么方式同购买者进行信息交流，顾客通过什么途径才能获取关于商品和服务的知识，企业又如何将商品展示给潜在顾客。

不管是 4Ps 还是 4Cs，它们都是市场营销的研究内容，只是由于立足点不同，因此侧重点也不同，本书的研究主要侧重于 4Ps 营销。

三、市场营销过程

现代市场营销过程，从广义上说，始于发现、分析市场机会，终于产品的售后服务，如产品的使用、维修等。一些国家甚至规定产品报废后的

回收和产品垃圾处理等工作也要由营销企业负责，这使市场营销过程又延伸了一步。一般来说，市场营销过程主要有以下步骤：

（一）发现、分析市场机会

所谓市场机会，就是指潜在的市场需求，它包括尚未满足的需求（即尚未饱和的市场需求）和新开发出的需求。分析市场机会首先要寻找、发现市场机会。然后，从大量的市场机会中，分析、找出本企业可利用的、适合本企业的目标任务和资源特点的营销机会。

在实践中，发现市场机会的方法和手段有很多，可通过浏览媒体，从报纸、杂志、电视、因特网等大众媒体上发现市场机会；还可通过参加各种营销活动，如商品展销会、展览会等，在商品展示的过程中获取市场信息，再经过交流、对比、评价的分析过程，发现适合本企业的市场机会；也可以通过消费者调查，从消费者的信息反馈中获取市场信息，分析并找出市场机会。

［例］1956 年初，宝洁公司开发主管米尔斯在给孙子洗尿布的烦恼启发下，产生了开发一次性纸尿布的灵感。但其实当时已有一次性的纸尿布出现在美国婴幼儿制品市场了。然而经过市场调研发现，这些纸尿布仅占了整个美国婴儿用品市场的 1%。原因首先在于产品价格太高，其次是父母们认为这种一次性产品平常并不好用，只是在旅行时或不便于正常换尿布时，才会作为替代品使用。而且报告显示，美国和世界上许多国家正处于在战后一个巨大的生育高峰期，婴儿出生数量乘以每个婴儿每天所需的换尿布的次数，这是一个巨大的市场，蕴含着多么大的消费量！于是宝洁公司研究出了一种既好用又价格低廉的一次性纸尿布，并命名为"帮宝适"（Pampers）。直到今天，"帮宝适"一次性纸尿布仍然是宝洁公司的拳头产品之一。

（资料来源：http：//www.chinadmd.com/file/rizpcxi6pweutwuwcwciz6er_1.html）

（二）选择目标市场

目标市场就是企业决定要进入的市场。它是在市场细分的基础上进行的。由于受内、外部条件的制约，任何企业都不可能把所有的细分市场作为自己的目标市场，只能依据自己的产品特性和自身的技术、资金等竞争实力，从中选择一个或几个有利于发挥企业优势、能达到最佳经济效益的细分市场作为自己的目标市场。

（三）设计营销战略

营销战略是为实现特定的营销目标或任务而制订的行动计划，一般是指较长期的、重大的决策。这是营销战略和具有较强操作性的短期营销工作计划的主要区别。设计营销战略是在激烈的竞争环境下，实现企业发展的重要手段，是企业营销工作的重要内容；也是企业发现、分析、评价、选择市场营销机会，以实现企业目标和任务的管理过程。设计营销战略，必须认真评估企业自身的实力和企业在众多竞争者中的地位，从实际出发，使营销策略与企业的实力相匹配。

（四）制定营销组合策略

营销组合策略是企业各种营销策略的组合运用，是为实现营销战略而制订的更具体的实施方案或工作计划，可分为产品策略、价格策略、渠道策略、促销策略4大类，即上述的4Ps策略。营销组合策略应有较强的可控性和可行性，便于操作实施。

（五）实施营销组合策略

这是落实企业营销策略的关键一步，通常由企业营销部门具体实施，并在实施过程中及时进行信息反馈，以不断调整、完善营销策略。

课堂练习

市场营销是为了（　　　）。

A. 赚钱　　　　B. 增加销售　　　　C. 满足顾客需求并实现自身目标

第三节　市场营销观念的演变

市场营销观念是指企业进行生产经营活动的基本指导思想。企业的经营观念不同，企业的经营目标、任务就会有根本差别，企业的组织结构、业务程序、经营活动方式也会发生相应的变化，从而直接影响企业的经济效益。企业经营观念是一定的社会经济发展的产物，是随着商品经济的发展和企业经营环境的变化而不断演变和发展的。纵观营销观念演变的历史，不同时期的营销观念各不相同。这些观念可以归纳为两大类，即传统观念和现代观念。

一、传统市场营销观念

（一）生产观念

生产观念是在卖方市场条件下，以生产为中心的经营观念。这种观念

认为：消费者欢迎买得到而且买得起的产品；企业生产什么就卖什么；产品只要生产出来了，就不愁没有销路。企业经营管理的重点是提高生产效率，增加产量，降低成本，在销售方面用不着花费精力。

［例］美国的汽车大王亨利·福特曾傲慢地宣称"不管消费者需要什么颜色的汽车，我们的汽车就是黑色的"，见图 1－3。因为当时福特车供不应求，清一色的黑色汽车照样卖得出去。这是一种典型的生产观念。

图 1－3　福特经典黑色系列老爷车

但是生产观念适应的条件仅限于产品供不应求，购买者没有选择余地，企业以提高产量、降低成本、扩大销售为竞争手段的情况。

（二）产品观念

产品观念是一种盛行于 20 世纪 40 年代的营销观念，是继生产观念之后产生的又一种生产导向的营销观念。它是在卖方市场产生了一定程度的竞争，消费者有了一定的选择权的经济条件下产生的。它的特点是：强调产品质量，而忽视市场需求。它认为，由于消费者喜欢那些质量好、价格低廉的商品，企业只要全力提高产品质量，降低成本，使自己的产品物美价廉，顾客就会找上门来购买，就不愁销售。在我国流传的一句商业谚语"酒香不怕巷子深"就是对这一观念的最好诠释。实践证明，这种只搞产品研发，孤芳自赏，忽略市场需求变化的观念是"市场营销近视症"，缺乏远见，最终会导致企业在竞争中处于劣势地位。

［例］美国的一个钟表制造公司，一直被公认为美国最好的钟表制造商之一，该公司一直致力于生产精品手表。在 1958 年以前，公司产品的销售量一直在美国钟表市场上占据相当重要的位置。到 1958 年以后，公司产品的销售额开始一落千丈。原因何在？因为美国大多数的消费者对名贵手表表现出了一定程度的冷淡，他们更多地趋于购买那些经济实惠、方便耐用的手表。而这个时候的美国市场上已经有相当一部分的钟表商开始迎合消费者需求，生产了大批低档产品，从而夺取了该钟表公司的大部分市场份额。该钟表公司即是典型的产品观念持有者，他们固执地认为"皇帝的女儿不愁嫁"，致使公司经营受到重大的挫折。

（三）推销观念

推销观念是在卖方市场向买方市场过渡时期产生的一种以推销为中心的经营观念。这种观念认为，顾客一般不主动购买非必需的产品，但企业如果采取适当的促销措施，可能使顾客购买这些产品。

由于科学技术的发展，生产水平有了较大的提高，社会商品数量增加，市场上某些商品开始供过于求，企业之间竞争加剧，生产和销售的矛盾尖锐起来。这就迫使企业家把经营的注意力从生产转到销售，逐步确立了以销售为中心的营销观念。企业充分利用广告宣传，千方百计招徕顾客。

［例］美国皮尔斯堡面粉公司，在 1930 年前后，因销量减少，竞争加剧，把原有的"本公司旨在制造面粉"口号改为"本公司旨在推销面粉"，并不惜采用各种手段，进行大量广告宣传来推销面粉。

这种经营观念提高了销售在企业经营中的地位，但仍然属于以产定销的经营思想。

二、现代市场营销观念

（一）市场营销观念

市场营销观念是在买方市场下，以顾客为中心的经营观念。这种观念认为，企业只有明确目标顾客的需求，才能比竞争者更有效地提供产品和服务，满足顾客需求，实现企业目标。第二次世界大战后，由于科学技术的进步，生产力有了明显的提高，社会产品数量剧增。市场需求在质和量的方面都发生了重大变化，发达国家的市场已经变成名副其实的供过于求、买主处于优势地位的买方市场了。许多企业逐渐用市场营销观念取代了以销售为中心的推销观念，消费者需要什么，就生产什么、销售什么，以消费者需要作为企业生产经营和服务的出发点。

［例］福特公司后来将公司的口号改为："顾客需要什么样的汽车，我们就生产什么样的汽车。"

图1-4 不同色系、款式的福特汽车

　　企业的主要任务是从调查研究消费者需求和欲望出发，组织生产和营销。市场从原来的终点，变成从事经营活动的起点。因此，从推销观念到市场营销观念的转变是企业经营观念的一次重大飞跃。

　　［例］1996年，四川成都的一位农民投诉海尔洗衣机排水管老是被堵，服务人员上门维修时发现，洗衣机的质量并没有问题，其实是这位农民用洗衣机洗地瓜，泥土大，从而引起了堵塞。服务人员并未推卸自己的责任，而是帮顾客加粗了排水管。顾客感激之余，埋怨自己给海尔人添了麻烦，还说如果能有洗红薯的洗衣机，就不用劳烦海尔人了。经历了这件事后，海尔的营销人员开始调查四川农民使用洗衣机的状况。他们发现在盛产红薯的成都平原，每当红薯大丰收的时节，许多农民除了卖掉一部分新鲜红薯，还要将大量的红薯洗净后加工成薯条。但红薯上沾带的泥土洗起来费时费力，于是农民就运用了洗衣机。这令海尔总裁张瑞敏萌生一个大胆的想法：发明一种洗红薯的洗衣机。1997年海尔开始研究如何生产该洗衣机，1998年4月开始投产。首次生产了1万台投放农村，立刻被一抢而空。此后，海尔应顾客的提议还研究生产了可以洗龙虾、洗荞麦皮、打酥油……的洗衣机，海尔洗衣机可以说是"无所不洗"。

图 1-5　能洗大地瓜的洗衣机

（二）社会营销观念

社会营销观念是以社会利益为中心的营销观念。这种观念强调在满足市场需求和获取利润的同时，还必须注意到社会的利益。由于市场营销观念强调满足市场需求和实现企业的目标，却忽视了社会的利益，而顾客、企业的利益与社会公众的利益可能是相悖的。

［例］私人汽车的大量使用，造成空气污染、交通阻塞、事故频繁；本来是为了方便消费者购买而使用的各种包装、软饮料瓶等，由于用完即弃，其材料又难于处理和分解，造成了包装材料的大量浪费以及环境的污染。因此，社会营销观念要求营销者必须在公司利润、消费者需求和公共利益三者之间作出平衡。

（三）大市场营销

20 世纪 70 年代末 80 年代初，企业经营环境急剧变化，企业竞争开始跨越国界，遍及全球，许多国家和地区政府加强干预，贸易保护主义抬头，市场上有形和无形的壁垒越来越多。在这种经营环境下，科特勒教授于 1984 年提出"大市场营销"的概念。他认为，企业要想成功地进入某个特定市场，仅仅凭产品的物美价廉是不够的，更重要的是，必须在策略上协调，使用经济、心理、政治和公共关系等手段，以取得各有关方面的合作和支持。

（四）顾客导向

顾客导向也称顾客满意营销。它要求企业的市场营销活动要以消费者

为中心，树立"顾客第一"的观念，把消费者的需求作为企业营销工作的出发点和归宿点，全面满足消费者的需求，千方百计地维护良好的顾客关系，并把消费者是否满意及满意的程度作为企业营销活动的标准。

但顾客导向并不仅仅是指满足顾客已有的需求。由于人们的需求在时间、空间和数量上是不断变化的，一些似乎不存在的需求由于受到一定的刺激会从潜在状态转化为现实需求。这就要求企业在满足需求的同时，还必须预见需求、引导需求、激发和拓展需求。

（五）整体营销

整体营销有以下2方面的含义：一方面是指企业内部各职能部门及全体员工均应以企业整体利益为共同目标，与营销部门协调配合，为争取顾客发挥应有的作用；另一方面是指协调发挥产品、定价、分销、促销等营销策略要素的整体效应，为顾客提供满意的产品和服务，同时注意保持企业所有的营销努力在时间上和空间上的协调一致。

（六）关系营销

关系营销认为，营销活动的核心就是维持和促进企业与顾客以及其他交易伙伴的关系，这种营销关系的形成为企业建立起一个营销网络，企业、供应商、分销商和顾客都是网络成员。他们通过互利互惠的交易和相互承诺，建立起稳定长期的合作关系。关系营销把短期交易导向转变为长期交易导向，使市场营销从过去的追求每一次交易利润最大化转为追求网络成员利益关系最大化，在此基础上，使顾客的需求得到满足，从而保证企业的长期、稳定发展。

（七）创新营销

创新营销是市场发展和竞争不断加剧的客观要求和产物。它要求商品营销者主动适应现代市场需求多变和竞争激烈的客观环境，在营销活动中不断有所突破、有所创新，以驾驭多变的市场环境，占有市场营销的主动权。

实践证明，在市场上，任何企业的产品都不可能长期地独占市场，当同业竞争将更优秀的新产品推向市场的时候，顾客就会弃旧图新，老产品就会失去顾客，失去市场。因此，创新营销越来越受到营销人员的重视。

（八）绿色营销

绿色营销强调企业在营销中要保护地球的生态环境，防止环境污染，充分利用有限的资源。在人类进入崇尚自然、保护环境、强调可持续发展的"绿色时代"的今天，它是企业参与市场竞争的有力武器。

（九）权力营销

现在受到保护的市场越来越多，不但有国内的保护，也有国际的保护，因此权力对经营的影响越来越明显，这就要求企业在制定经营战略、促进销售时，必须把权力这一因素考虑进去。权力营销是客观存在的现实，营销人员应了解权力营销在企业经营活动中的作用，以保证营销活动的顺利进行。在国际市场上，国与国之间的交往关系直接影响企业间的经济合作，企业必须重视通过政府关系来打开国际市场的策略。

[例] 韩国的大宇汽车公司，多年来一直想打进中国市场，但由于各种原因而被拒之门外。该公司不甘心就此罢休。它通过有效的政治公关，促成当时的韩国总统金泳三访华，代表韩国商界向我国政府提出关于中韩经济一体化的"黄海经济区"构想，很快被中方接受。同时，金泳三还促使我国松动了对韩在华组装汽车的禁令。后来大宇与中国第一汽车制造厂达成了共同投资 15 亿美元，在山东省生产汽车主要零部件的协议，成功地打开了中国市场。

本章汇总

一、市场

（1）市场的含义：市场是商品交换的场所；市场是消费者需求的总和；市场是商品交换关系的总和。

（2）市场三要素：市场 = 人口 + 购买力 + 购买欲望。

二、市场的分类

（一）消费者市场

（1）消费者市场的含义。

消费者市场是指个人或家庭为了生活消费而购买商品或服务的市场。

（2）消费者市场的特点。

消费者市场与组织者市场相对应，一般有以下几个特点：每次购买产品时数量较少；购买产品的次数频繁；购买者人数众多；购买者大多数是产品的外行；购买目的是为了满足生活需要。

（3）消费品的分类。

按消费者的购买习惯和特点划分为日用品、选购品、特殊品；按消费品的使用寿命长短与可触性划分为耐用品、消耗品、劳务。

（4）消费者购买行为的参与者。

包括倡议者、影响者、决策者、购买者、使用者。

（二）组织者市场

（1）组织者市场的类型：生产者市场、中间商市场、政府市场。

（2）生产者市场的含义：是指生产者为了获取利润进行再生产而购买产品的市场。

（3）生产者购买行为的类型：直接重购、修正重购、新购。

（4）生产者的购买决策过程：认识需求—确定要求—说明需求—调查和寻找供应商—分析供应商的建议书—决定选择供应商—履行常规的购货手续—评价购买结果。

三、市场营销

（1）市场营销的含义。

市场营销是指企业以顾客需要为出发点，综合运用各种战略与策略，把商品和服务整体地销售给顾客，尽可能满足顾客需求，并最终实现自身目标的经营活动。

（2）市场营销的3个要点。

出发点是顾客需要；手段包括各种战略与策略；目标为满足顾客需求，实现自身目标。

（3）市场营销的核心概念。

需要、欲望和需求；产品；交换和交易；市场营销者；4Ps和4Cs。

四、市场营销过程

（1）发现、分析市场机会；

（2）选择目标市场；

（3）设计营销战略；

（4）制定营销组合策略；

（5）实施营销组合策略。

五、市场营销观念

（1）传统市场营销观念：生产观念、产品观念、推销观念。

（2）现代市场营销观念：市场营销观念、社会营销观念、大市场营销、顾客导向、整体营销、关系营销、创新营销、绿色营销、权力营销。

课后练习

一、填空题

1. 市场是商品交换的_____；市场是消费者_____的总和；市场是商品交换_____的总和。
2. 市场 = _____ + _____ + _____。
3. 所谓 4Ps 是指_____、_____、_____、_____。

二、单选题

1. 个人或家庭为了生活消费而购买商品或服务的市场被称为（   ）。
A. 生产型市场 B. 生产者市场 C. 消费型市场 D. 消费者市场
2. 生产者为了获取利润进行再生产而购买产品的市场被称为（   ）。
A. 生产型市场 B. 生产者市场 C. 消费型市场 D. 消费者市场
3. 以下不属于组织者市场的有（   ）。
A. 消费品市场 B. 生产者市场 C. 中间商市场 D. 政府市场
4. 乐从钢铁市场属于（   ）。
A. 政府市场   B. 生产者市场 C. 消费型市场 D. 消费者市场
5. 人们有能力购买并且愿意购买某个商品的欲望是（   ）。
A. 需要   B. 需求   C. 欲望   D. 市场营销
6. 市场营销观念是以（   ）为中心的经营观念。
A. 生产   B. 产品   C. 推销   D. 顾客
7. 希望从别人那里取得资源并愿意以某种有价之物作为交换的人是（   ）。
A. 市场营销者 B. 生产者   C. 消费者   D. 中介
8. （   ）是指人们没有得到某些基本满足的感受状态。
A. 需要   B. 需求   C. 欲望   D. 市场营销
9. 市场营销是为了（   ）。
A. 赚钱   B. 增加销售
C. 满足顾客需求并实现自身目标   D. 服务大众
10. 福特公司："顾客需要什么样的汽车，我们就生产什么样的汽车。"这体现了该企业的（   ）。
A. 生产观念   B. 产品观念   C. 推销观念   D. 市场营销观念

三、多选题

1. 按消费者购买习惯和特点划分，消费品可分为（　　　）。
A. 日用品　　B. 选购品　　C. 耐用品　　D. 特殊品
2. 消费者在购买过程中的角色包括（　　　）。
A. 倡议者　　B. 影响者　　C. 决策者　　D. 购买者
3. 生产者购买行为的类型包括（　　　）。
A. 招标　　B. 直接重购　C. 修正重购　D. 新购
4. 下列哪些观念属于现代营销观念（　　　）。
A. 绿色营销　B. 权力营销　C. 大市场营销 D. 推销观念
5. 以下属于消费者购买决策过程的是（　　　）。
A. 确定需要　B. 收集信息　C. 分析供应商的建议书　D. 评估选择

四、判断题

1. 消费者在购买过程中扮演的角色就是购买者。　　　（　　）
2. 市场营销者就是卖主。　　　（　　）
3. 在市场营销学中，需要与需求是同一回事。　　　（　　）
4. 欲望是对具体满足物的愿望。　　　（　　）
5. 顾客购买产品是为了产品的实体。　　　（　　）
6. 生产者市场购买者大多是产品的内行。　　　（　　）
7. 消费者需求的总和只是指的现实消费者的需求。　　　（　　）
8. 在交易之前交换就已经开始。　　　（　　）
9. 交易是指通过某种东西作为回报，从别人那里取得所需物品的行为和过程。　　　（　　）
10. 营销等同于推销。　　　（　　）

五、两项选择题

消费者市场与组织市场相对应，一般有以下几个特点：
（1）每次购买产品时数量较（多/少）
（2）购买产品的次数（频繁/较少）
（3）购买者人数（较少/众多）
（4）购买者大多数是产品的（内行/外行）
（5）购买目的是为了（生活需要/生产需要）

六、简答题

什么是市场营销？

案例分析

有两个国家的皮鞋厂商派出自己的推销员先后到达南太平洋的一个岛上，目的都是开拓皮鞋市场。这两个国家的皮鞋商都发现了一个共同的事实：这个岛上人人光脚，都不穿鞋子。推销员甲沮丧地向公司报告说："该岛无人穿鞋，决定明天返回。"推销员乙却大喜过望地向公司报告说："该岛无人穿鞋，是个很有潜力的值得开拓的市场。我将驻在此地开展促销工作。"接下来，他便印刷了一幅没有文字的广告画，画面上是岛上的一位壮汉，脚穿皮鞋，肩扛虎、豹等猎物，形象威武雄壮。岛上的人果然欣然接受了穿鞋这一文明的生活方式。该公司的皮鞋畅销全岛，公司赚到一大笔钱，并牢牢地占领了这一市场。

请同学们运用所学的现代营销观念对此案加以分析，从中我们可以得到什么样的启示？

第二章 营销环境分析

[学习目标]

1. 理解市场营销环境的概念和特点
2. 理解和掌握各环境因素对企业营销的影响
3. 掌握环境分析及应对的方法

[案例导引]

图 2 - 1 耐克、阿迪达斯、彪马公司的产品

（图片来源：http://image.baidu.com/）

康弗斯公司曾是美国规模最大的鞋业生产企业，20 世纪 70 年代中期，美国市场上的篮球鞋有 2/3 是由这家公司生产的。但到了 70 年代末期，跑步运动逐渐取代篮球运动而成为美国人最热衷的体育运动。随着篮球运动的由盛转衰，康弗斯公司的篮球鞋销售量急剧下降。面对体育用品市场的变化，康弗斯公司不予理会。而此时的耐克公司、彪马公司以及阿迪达斯公司，则适应市场的变化，或及时转产跑步用鞋，或扩大原有的跑步用鞋生产能力。在短短的 10 年时间里，耐克公司的销量增长了 30 余倍，而康弗斯公司的销售却只上升了 60%。同营销环境保持协调是企业生存和发展的必要条件，企业营销人员和管理人员必须时刻关注营销环境的各种变化，采取措施以适应环境的变化，提高企业的竞争能力。

思考：

（1）什么是营销环境？

（2）企业应如何分析、应对营销环境？

第一节　营销环境概述

一、营销环境的概念

企业在开展各项营销活动时，必然会受到各种外部相关因素的影响。所谓营销环境，即市场营销环境，就是指影响企业营销活动的各种外部因素的总和。

二、营销环境的分类

营销环境包括宏观市场营销环境和微观市场营销环境 2 大类。宏观营销环境是指间接影响企业营销活动的不可控制但应尽量去适应的外部因素，主要有政治法律、经济、人口、社会文化、地理、科技等因素。微观营销环境是指直接影响企业营销活动的外部因素，主要有合作企业、竞争者、顾客、公众等因素。

三、营销环境的特点

由于生产力水平的提高和科学技术的进步，企业外部环境复杂多变，概括地说，营销环境主要具有如下特点：

（一）动态性

社会、科技、经济的迅猛发展，使得企业营销环境处于经常变动之中，从而形成了营销环境的动态性特点，企业应根据营销环境的变化，不断调整企业营销策略。

［例］20 世纪初期，福特汽车公司的创始人亨利·福特创建了汽车生产流水线，大大提高了劳动生产率，使汽车的价格大幅度下降，以至于福特的工人都买得起，推动了美国汽车制造业的发展，也为福特工厂带来了巨大财富和世界性的荣誉。但是到了 20 年代，美国市场发生了变化，人们变得挑剔起来，不再是企业生产什么，顾客就买什么。福特却仍然坚持只生产黑色 T 型车，从而失去了竞争优势，美国汽车市场的第一把交椅转到了通用汽车公司的手中。

（二）差异性

市场营销环境的差异性不仅表现在不同的企业受不同环境的影响，而

且同样一种环境因素的变化对不同企业的影响也不相同。例如，不同的国家、民族、地区之间在人口、经济、社会文化、政治、法律、自然地理等各方面存在着广泛的差异性，这些差异性对企业的营销活动的影响显然是不同的；再如，我国企业处于相同的国内经济环境、政治环境、技术环境、竞争环境等，但是这些环境对不同企业影响的程度是存在差异的。由于外界环境因素的差异性，企业必须采取不同的营销策略才能应付和适应各种环境情况。

［例］"唇红齿白"是我们传统的审美标准，洁白的牙齿给人以清洁亮丽的清爽感觉，所以牙膏生产商们都在广告中极力推荐生产的牙膏具有洁白的功效。然而与此相悖，某些南方少数民族却以牙黑为美，如傣族、布朗族、基诺族、佤族、哈尼族、阿昌族、德昂族、黎族、壮族等都有染齿的习惯。除了爱美外，他们染齿的另一个目的就是护牙固齿。各民族的染齿内涵也不尽相同，比如基诺族，染齿是为了获得爱情和表示尊重。对于这些少数民族，牙膏的美白宣传就不适合了。

（三）相关性

营销环境的相关性是指各环境因素间的相互影响和相互制约。这种相关性表现在两个方面：一是某一因素的变化，会引起其他因素的互动变化；二是企业营销活动受多种环境因素的共同制约。

［例］杭州万向节总厂是浙江省萧山市的乡镇企业。建厂初期只生产镰刀、锄头、拖拉机零配件等产品，企业经营十分困难。改革开放以来，他们从企业外部环境的变化中预测到中国经济要发展，必须先解决交通运输问题，就必然会大力发展汽车工业，从而会进口大量的汽车零件。万向节是汽车传动系统的易耗零配件，进口汽车万向节质量要求高、型号复杂、批量又小，因此，国内生产进口汽车万向节的工厂寥寥无几，必须依靠进口，这样这种零配件就存在着大量显性的和潜在的市场需求。于是该厂果断决定专门生产万向节，并着重生产进口汽车万向节。经过艰苦努力，该厂的主导产品万向节占领了国内50%的市场，并远销18个国家和地区，成为我国最大的万向节生产基地。

（四）不可控性

影响营销环境的因素是多方面的，也是复杂的，表现出不可控性。如：一个国家的政治、法律、人口增长以及一些社会文化习俗等因素，企业不可能随意改变。

［例］1977年，洛杉矶的斯坦福·布卢姆以25万美元买下西半球公司的一项专利，生产一种名叫"米沙"的小玩具熊，作为1980年莫斯科奥运会的吉祥物。此后的2年里，布卢姆先生和他的伊美治体育用品公司致力于"米沙"的推销工作，并把"米沙"商标的使用权出让给58家公司。成千上

万的"米沙"被制造出来，分销到全国的玩具店和百货商店，十几家杂志上出现了这种带4种色彩的小熊形象。开始"米沙"的销路很好，布卢姆预计这项业务的营业收入可达5 000万到1亿美元。不料在奥运会开幕前，由于苏联拒绝从阿富汗撤军，美国总统宣布不参加在莫斯科举行的奥运会。骤然间，"米沙"变成了被人深恶痛绝的象征，布卢姆的盈利计划成了泡影。

图2-2　1980年莫斯科奥运会的吉祥物米沙

（图片来源：http：//image.baidu.com/）

　　营销环境的不可控性对不同企业表现不一，有的因素对某些企业来说是可控的，对另一些企业来说却是不可控的；有些因素在今天是可控的，而到了明天就可能变为不可控因素。

　　［例］1996年，美国FDA（食品与药物管理局）发布规定，限制烟草企业对特定人群的市场营销，以减少香烟对青少年的危害。新规定一出，便遭到烟草巨头的强烈反对，以Brown & Williamson烟草公司为首的一批烟草制造、生产商向法院提起诉讼，称FDA无权监管香烟制品。首次裁决中，一家地区法院部分驳回了烟草公司的起诉。但之后更高一级的巡回法院又作出判决，支持烟草企业的主张。最终，这场"商告官"的官司一直打到美国最高法院。2000年3月，最高法院裁定，依据现有法律，美国国会并没有授予FDA监管烟草制品的权力，政府败诉。但2009年6月，尽管美国烟草商斥资3 000万美元进行游说，然而未能阻止国会通过奥巴马推行的新控烟法。美国政府终于签署了一项被称为最严厉的控烟法案，新法将首次授权FDA监管烟草制品，FDA不仅能规定香烟的成分，还有权限制烟草企业针对青少年的广告营销，给美国烟草巨头戴上"紧箍咒"。

第二节 宏观营销环境

宏观营销环境是指间接影响企业营销活动的不可控制的但应尽量去适应的外部因素，主要有政治法律、经济、人口、社会文化、地理、科技等因素。

一、人口环境

人口是市场构成的第一要素。人口对市场格局产生着深刻的影响，并直接影响企业的市场营销活动。企业应重视对人口环境的研究，密切关注人口特性及其发展动向，及时地调整营销策略以适应人口环境的变化。人口环境主要包括以下几个方面：

1. 人口数量

人口数量是决定市场规模和潜在容量的一个基本要素，如果收入水平不变，人口越多，对食物、衣着、日用品的需要量也越多，市场也就越大。世界人口，尤其是发展中国家人口持续高速增长，这是人口环境变化中的一个重要特点。我国人口的迅速增长，将给企业乃至整个社会带来深刻的影响。随着经济全球化的发展，不少跨国公司纷纷在中国投资，将中国作为未来发展的增长点，其原因就是看中了中国这个庞大的市场。

2. 人口分布

人口的地理分布是指人口在不同地区的密集程度。人口的这种地理分布表现在市场上，就是各地人口的密度不同，则市场大小不同；消费习惯不同，则市场需求特性也不同。处于农村和城市、南方和北方、热带和寒带、山区和平原等不同地理环境的人口，不仅在消费需求方面有显著差异，而且在消费习惯和购买行为方面也存在着差异。如，在饮食习惯上有"南甜北咸、西酸东辣"之说，这体现了饮食消费需求的不同。

3. 人口的地区流动

随着社会经济的发展，近年来我国人口的地区间流动增强，人口迁徙的规模有逐年上升的趋势。我国人口的地区间流动呈现出 3 个特点：

（1）农村人口流入城镇；

（2）内地人口迁入沿海地区和工矿企业集中地区；

（3）旅游、异地学习、因公出差等人口逐年增多。

人口的地区间流动，在一定程度上改变着我国人口的地区分布状况以及不同地区的人口结构，进而影响着企业的营销环境。如：人口流入较多的地区，基本生活需求明显增加，需求结构出现了某种程度的改变，由于人口流动外出、务工经商，因而又加剧了某些行业的市场竞争；人口流出较多的地区，基本生活需求减少，市场的人口压力在一定程度上得到缓解，但人口流出又往往伴随着人才的流失。人口流动导致的这些变化，既会给一些企业带来新的市场机会，同时也会给一些企业造成环境威胁。

4. 人口结构

人口结构主要包括人口的年龄结构、性别结构、家庭结构以及民族结构、职业结构等等。

（1）年龄结构。

不同年龄的消费者对商品的需求是不一样的。如：青年人多需要体育健身用品，而老年人多需要医疗保健用品。

随着人们生活水平的提高，以及人均寿命的增加，包括我国在内的不少国家和地区都出现了人口的老龄化问题；同时，我国正处于生育高峰期，因此婴幼儿及少年儿童的绝对数很高。上述情况将给企业的营销活动带来很大的影响。

［例］广州已步入老年型社会，但与此不相适应的是，广州针对老年人的服务几乎是一片空白，在老年人用品方面，广州没有商家介入。直到1999年底，气温骤降，保暖用品需求猛增，尤其是老年人保暖用品顿时成为大小商店的抢手货，一些形形色色的老人用品专卖店终于开始出现。老年人对此反应热烈，他们纷纷到老年人专卖店选购用品。在广州百货大楼，有一个专为老年人提供保暖用品及其他用品的柜台，据营业员介绍，老年人虽然出手没有年轻人大方，对购买的商品总是左挑右拣，但他们往往都是有备而来，很少有人空手而归。业内人士认为，老年人用品专卖店大有可为，前途看好。

图2-3　老年人运动用品广告

（图片来源：http：//www.gmw.cn/01gmrb/2010-05/31/content_1137172.htm）

（2）性别结构。

性别的差异使男女在消费需求上表现出明显的不同，所以在市场上会出现男性用品市场和女性用品市场。他们的购买习惯和购买行为也有各自不同的特征，表现出较大的差别，如：男性购买特征类型通常表现为理智型，而女性则大多表现为冲动型。

一般来说，在一个国家或一个地区男女总数相差不大，性别结构比较稳定，但是在某些行业相对集中的较小地区男女比例可能会有一些变化，企业因此可以根据性别属性制订不同的产品营销策略。

（3）家庭结构。

家庭是社会的细胞，也是商品购买、消费的基本单位，家庭的数量直接影响到某些商品的数量。家庭成员人数的多少，对许多家庭用品的形态有直接的关系。

目前，我国家庭具有两个显著特点：

一是家庭规模趋于小型化，"三口之家"的家庭模式十分普遍；

二是非家庭住户（单身家庭、集体户）增加。

这些特点必然刺激家具、住房、家用电器、炊具等需求的快速增长，从而为这些行业提供巨大的商机。

（4）民族结构。

民族不同，其文化传统、生活习性也不相同。我国是个多民族的国家，企业营销要注意民族市场的营销，重视开发适合各民族特性、受其欢迎的商品。

（5）社会结构。

我国绝大部分人口为农业人口，农业人口占总人口的80%左右。这一社会结构的客观因素决定了企业在国内市场中，应充分考虑农村这个大市场，尤其是一些中小企业，更应注意开发价廉物美的商品以满足农民的需要。

二、经济环境

经济环境是指企业进行市场营销时所面临的外部社会的经济条件。一个国家社会经济运行状况及其发展变化趋势将直接或间接地对企业市场营销活动产生影响。

1. 消费者收入

消费者收入指的是消费者从各种来源所得到的货币收入，通常包括人们的工资、奖金、退休金、红利、利息、租金和馈赠等。

从营销的角度来看，最主要的经济环境是社会购买力。消费者收入水平直接影响市场容量和消费者的支出模式，从而决定社会购买力水平。在实际生活中，消费者并不是也不可能将其全部收入都用于购买产品或劳务，消费者的购买力仅是其收入中的一部分。对企业营销来说，有必要将消费者个人收入区分为个人可支配收入和个人可任意支配收入。

（1）可支配的个人收入，指的是从消费者个人收入中扣除其直接负担的各项税款以及上缴给政府或组织的非税性负担之后的余额。这部分收入，或被用于消费支出或被用于储蓄，是影响消费者购买力和消费者支出模式的决定性因素。

（2）可随意支配的个人收入，指的是从可支配的个人收入中减去消费者用于维护基本生活所必需的支出和其他固定支出后的余额。这部分收入是消费者可以任意决定其投向的，是影响消费需求构成的最活跃的经济因素。这部分收入的数额越大，人们的消费水平就越高，企业的营销机会也就越多。

2. 消费结构

随着社会经济的发展，消费者的收入发生增长，会使一个国家或地区的消费结构也发生变化。西方一些经济学家常用恩格尔系数来反映消费结构的变化：

$$恩格尔系数 = 食品方面的支出/家庭总支出$$

随着家庭收入的增加，用于购买食品的支出占家庭收入的比重会下降；用于住房和家庭日常开销的支出占家庭收入的比重大体不变；用于其他方面的支出（服装、交通、娱乐、教育）占家庭收入的比重会上升。

恩格尔系数可以用来衡量一个国家或地区居民生活水平的高低。一般来说，恩格尔系数越大，生活水平越低；恩格尔系数越小，生活水平越高。

3. 消费者储蓄和信贷

社会购买力不仅直接受消费者收入的影响，而且还要受储蓄和信贷情况的直接影响。

在一般情况下，消费者并非将其全部收入完全用于当前消费，而是会把收入中的一部分以各种形式储蓄起来，这是一种推迟了的、潜在的购买力。在一定时期内，当居民收入一定时，储蓄量越大，近期购买力就越弱，而潜在购买力越大。

在现代市场经济国家，消费者不仅以其货币收入购买他们需要的商品，而且可以用信贷来购买商品。实行消费者信贷，可以刺激和创造需求。它主要有分期付款、信用卡贷款等形式。

［例］银行提供购房分期付款的信贷业务，刺激了消费者对商品房的需求。

除了上述因素直接影响企业的市场营销活动外，还有其他一些经济环境因素也对企业的营销活动产生或多或少的影响，这些因素主要有经济发展水平、经济体制、地区与行业发展状况、城市化程度等。

三、自然环境

自然环境是企业赖以生存的基本环境。自然环境按照要素划分为大气环境、水体环境、土壤环境和地质环境等。自然环境的优劣不仅影响到生产经营活动，而且影响到一个国家的经济结构和发展水平，使经济环境等其他环境受到连带影响。因此，企业要避免由自然环境带来的威胁，最大限度地利用环境变化可能带来的市场营销机会，就应不断地分析和认识自然环境变化的趋势。自然环境变化的趋势主要有：

1. 自然资源短缺

自然资源日益短缺，促使各国政府都不同程度地加强了对自然环境和自然资源的管理工作。这对许多企业的发展来说无疑是一种威胁，然而反过来又迫使人们研究如何合理开发资源、有效利用资源以及寻找代用品等问题，这又给许多企业带来了发展机会。

[例] 2008年八国峰会期间，日本厂商在八国集团首脑会议新闻中心展出了一系列高科技环保节能产品，从汽车到房屋、电器，让人叹为观止。其中包括：

①本田公司生产的一款使用燃料电池的节能汽车。

②一辆新型电动跑车模型。这种跑车设计输出马力为140匹，时速为200公里。

③三轮电动车。充电一次可行30公里，最高时速为6公里。

④电动车充电器。这种像加油机的充电器15分钟可完成一辆电动车的充电。这种电动车充一次电可行驶80公里。

⑤高科技零排放房屋。这座房屋内的所有电器均由太阳能和风能供电。

⑥节能家电。用太阳能供电的空调、健身椅、电脑。

⑦新型空气净化器。这台空气净化器凭借水的力量，净化房间中的空气，能有效抑制空气中的花粉等过敏性物质和浮游病毒。

⑧新型空气清洗及节水型两用洗衣机。当天，日本厂商举行新型节能产品展。这台新型空气清洗及节水型两用洗衣机利用臭氧除臭技术，依靠空气（臭氧）的力量分解衣物和鞋帽中的污渍，再利用水循环功能将洗浴水净化后再利用，全洗衣过程用水量仅为7升。

⑨省电冷藏柜。7月9日，参展厂商介绍新型节能超市冷藏柜。当天，日本厂商举行新型节能产品展。这台新型节能冷藏柜比原来的型号可节约38%的耗电量，一年可减少二氧化碳排放量93吨。

图 2-4　三轮电动车

（图片来源：http：//www. xkb. com. cn）

2. 环境污染严重

自然环境的污染已成为举世瞩目的大问题。随着治理环境污染呼声的高涨和政府干预的加强，企业必须采取措施控制污染，治理污染，这对许多企业当然是一种压力和约束，但其中也蕴含着许多新的市场机会。

［例］合理用电，节约用电，以及将一些废弃能源转化为电能已经成为节能减排工作中的重中之重。第一，节电。很多工矿企业的大型机电设备因为工艺生产的原因存在着严重的耗能现象，其在经过专业节能改造后不影响正常生产的情况下节电率大都在 20% 以上，综合国家众多的工矿企业来看这将是一笔巨大的能源财富。第二，余热发电。我国有着最大的煤焦化产业，有着在数量和产量上都占世界前列的冶金钢铁行业、水泥行业。这些行业在生产过程中所产生的大量的余热、烟气、尾气、排放到空气中，不但是对能源的重大浪费，也是对环境的重大污染，如合理采集利用、将其转化为电能，就既可以减少环境污染也可获得大量的电能促进能源的再利用。目前国内一些专业的节能服务公司如山东耀通节能、中节能等在节电与余热发电领域通过对用能企业宣传节能知识、提供节能技术、投资项目资金、设备等方式来不断促进节电与余热发电的发展。

（资料来源：http：//baike. baidu. com/view/981515. htm）

3. 政府干预加强

面对地球生态资源日益匮乏以及沙尘暴、海洋赤潮、噪音污染、全球气温升高、水土流失等自然环境不断恶化的状况，人类提高了对环境保护重要性的认识，各国政府也把环境保护视为可持续发展的重要战略。政府对自然资源的管理加强了干预，制定了一系列保护环境的法律法规，并加大了对环境保护的投资力度，鼓励和扶持绿色产业的发展，使绿色消费、绿色营销迅速崛起。

［例］国务院发布的《节能减排"十二五"规划》，对有关领域、行业

的节能减排提出了明确的任务和要求，侧重于重点行业和重点领域节能减排措施的细化和目标的量化，确定了5个方面的主要污染物减排重点工程，其中包括农业源污染整治、控制机动车污染物排放等。

四、政治法律环境

政治法律环境是国家的方针、政策、法律、法规对企业营销活动的影响。政治变动必然会引起经济形势的变化。政府通过法律手段不断增加对企业经营活动的干预，以此制约企业的各种经济行为。

1. 国家方针政策对企业营销活动的影响

同法律、法规相比，国家方针政策具有较强的适应性和较大的可变性，除部分基本政策外，它们会随着政治经济形势的变化不断进行必要的调整。政策具有普遍的号召性、指导性和规定性，主要依靠说服教育、引导鼓励等方式，并运用适当的经济手段和必要的行政手段去贯彻实施，但有些政策也带有一定的强制性，依靠对违反者采取经济措施、行政措施乃至必要的组织措施来加以落实。国家的方针政策，尤其是经济方面的政策变化，对企业的营销活动存在着直接或间接的重要影响。

［例］胰岛素是一种治疗糖尿病的特效药。20世纪80年代末期，由于宏观管理失控，大批进口胰岛素，使国内胰岛素生产受阻，积压大量库存，1989年第一季度几乎全面停产。根据这一情况，国家下文规定1990年不准进口胰岛素。政策颁布之后，杭州肉联厂生化制药分厂对胰岛素市场进行了全面的分析，认为本厂与其他生产厂家一样面临着严峻的威胁，但同时也潜藏着良好的市场机会，其依据是：①胰岛素的有效期为2年，1987、1988年进口的产品最迟用到1990年4月份就会过期失效。②根据了解，国内各厂家1989年起均不打算生产胰岛素。③胰岛素的生产需要有一定的周期。根据以上分析，该厂预测1990年4月起市场上将出现胰岛素的脱销。据此，该厂在1989年10月依然决定投料生产，12月开始出成品。果然，1989年底在武汉召开的全国医药订货会上，胰岛素价格回升。1990年2月在广州召开的医药订货会上，胰岛素出现了紧缺形势，与会者纷纷向该厂订货，仅此一项产品在几个月中就为该厂创造净利润20万元以上。

（资料来源：http：//www.chinadmd.com/file/rizpcxi6pweutwuwcwciz6er_1.html）

2. 法律环境

世界各国都颁布相关法律、法规来规范和制约企业的活动。企业一方面可以凭借这些法律、法规维护自己的正当权益，另一方面也必须依据有关的法律、法规进行生产经营活动。如我国的经济立法主要包括《经济合同法》、《商标法》、《反不正当竞争法》等。

总而言之，企业为了取得营销的成功，必须重视政治环境、法律环境的约束和影响，根据政治法律环境中有关因素的变化及时调整自己的营销目标和营销措施。

五、社会文化环境

社会文化是指一个社会的宗教信仰、价值观念、风俗习惯、语言文字等的总和。任何企业都处在一定的社会文化环境中，它的经营活动必然要受到这种社会文化的影响和制约。社会文化环境主要包括以下几个方面：

1. 宗教信仰

宗教是影响人们消费行为的重要因素之一，某些国家和地区的宗教组织甚至在教徒购买决策中有决定性的影响。企业可以把影响大的宗教组织作为自己的重要公共关系对象，在经销活动中也要注意到不同的宗教信仰，以避免由于矛盾和冲突给企业营销活动带来损失。

[例] 我国某出口公司在广交会上与科威特一家公司成交了北京冻鸭700箱。科威特公司要求我方在屠宰这批鸭子时，要按照"伊斯兰教方法"屠宰，而且要求由中国伊斯兰教协会出具证明。我方公司同意了科方公司的要求，并同意把这一要求写进合同。我方公司没有对"伊斯兰教方法"给予重视，而是按照公司最先进的方法屠宰了这批鸭子。随后，未经实际察看，就请中国伊斯兰教协会出具了"按伊斯兰教方法屠宰"的证明。货物到达目的地后，由科威特当地市政厅卫生局食品部屠宰科检验。检验报告认为，该批鸭子不是按"伊斯兰教方法"屠宰的，中国伊斯兰教协会出具的证明是伪证，然后由买主将这批数量为700箱的北京冻鸭全部退回。这笔业务不仅造成了该公司经济上的重大损失，而且严重影响了中国伊斯兰教协会的信誉。原来该公司销往其他地区的冻鸭，一般要求外体完整、洁白、无毛。为了达到这个目的，一般从鸭的口内进刀，以保持外体美观完整。但是，这种方法对伊斯兰地区却不适用，他们传统的屠宰方法，不仅要在鸭的颈部动刀，而且要由伊斯兰教长老动刀，在用刀前还要念一段《可兰经》。我方把颈部无任何刀痕的冻鸭交给对方，对方仅从颈部无刀痕这一点，就可以认定不是用伊斯兰方法用刀的。因此，在推销中注意当地的风俗习惯和宗教信仰，也是十分重要的。

企业营销人员要了解目标市场消费者的宗教信仰状况，要重视不同的宗教信仰与禁忌，从而有针对性地开展营销活动。

[例] 在阿拉伯国家，虔诚的穆斯林教徒每日祈祷，无论居家或旅行，祈祷者在固定的时间都要跪拜于地毯上，且要朝向圣城麦加。根据这一特点，比利时地毯厂厂商范得维格巧妙地将扁平的"指南针"嵌入祈祷用的小地毯上，该"指南针"指的不是正南正北，而是始终指向麦加城。穆斯林教徒只要有了这种地毯，无论走到哪里只要把地毯往地上一铺，便可准确找到麦加城的所在方向。这种地毯一上市，立即成了抢手货。

图 2 - 5 带"指南针"的地毯

［例］由于宗教传统的影响，照相机在沙特阿拉伯的销量并不好，然而，宝丽来快照可以使阿拉伯男性在家里私下里给他们的妻子和儿女照相，而无须到照相馆让陌生人来拍照。随之而来的就是这种照相机的销量大增。

（资料来源：http：//www.myeducs.cn/mianfeilunwen/ziliaolunwen1/1767186/）

图 2 - 6 宝丽来快照相机

（图片来源：http：//www.fengniao.com）

2. 价值观念

价值观念是指人们对社会生活中各种事物的态度和看法。不同文化背景下，人们的价值观念往往有很大的差异，消费者对商品的需求和购买行为深受价值观念的影响。

［例］一位生活在法国的中产阶级消费者，当需要购买服装时，他会买"皮尔·卡丹"等名牌服装，会佩戴"劳力士"金表，他认为这些与他的身份相符。但如果生活在非洲，买一块布围在腰间，戴一串象骨制作的珠子，他会觉得很气派。

图2-7　皮尔·卡丹宣传海报

图2-8　非洲时尚打扮

3. 风俗习惯

消费习俗是指人们在长期经济与社会生活中所形成的一种消费方式和习惯。

不同的消费习俗，具有不同的商品需要，研究消费习俗，了解目标市场消费者的禁忌、习俗、避讳、信仰、伦理等，是企业进行市场营销的重要前提。

[例] 中国一个外贸加工企业多年来生产挂毯出口至其他国家，其中最受外国消费者欢迎的是中国龙、万里长城和徐悲鸿的马等图案。某年该厂照旧生产一批质量上乘的龙图挂毯，出口中东一个国家。不想没多久，代理商要求退货。企业调查后才发现原来是因为该国有一风俗，认为龙有凶、吉之分，区别就在龙的爪子上，五爪为凶、四爪为吉，而这批龙图挂毯恰恰是五爪龙，结果当然是一条也卖不出去。

图2-9　四爪和五爪龙图

4. 语言文字

语言文字是人们相互交流信息的工具，影响着企业市场营销的各个方面，企业在生意洽谈、广告宣传、产品设计等方面都必须恰当地使用语言文字，否则会造成营销困难。如：我国一些出口商品的主要顾客是散布于世界各国的华侨和华裔人士，因此商标标签上的文字应该避免使用简体字

和拼音文字，否则顾客看不懂。此外，还应注意语言文字的翻译问题，翻译实际上是两种文化的交流，稍有不慎便可能出现错误。

[例] 美国通用汽车公司生产的"Nova"牌汽车，在美国很畅销，但是销往拉丁美洲却无人问津，原因是拉美许多国家都讲西班牙语。而"No-va"一词在西班牙语中译为"不动"，试想一下，谁愿意买"不动"牌汽车呢？相反，"Benz"和"BMW"这两个汽车品牌在翻译成中文时却翻译得恰到好处，"Benz"译为"奔驰"，"BMW"译为"宝马"，"奔驰"和"宝马"都给人一种"快"的感觉，这种品牌名的汽车，让人听起来就舒服。

（资料来源：http：//www.myeducs.cn/mianfeilunwen/ziliaolunwen1/1767186/）

六、科学技术环境

科学技术是社会生产力中最活跃的因素，它影响着人类社会的历史进程和社会生活的方方面面，对企业营销活动的影响更是显而易见。现代科学技术突飞猛进，科技发展对企业营销活动的影响作用表现在以下几个方面。

（一）科技发展促进社会经济结构的调整

每一种新技术的发明、推广都会给有些企业带来新的市场机会，导致新行业的出现。同时，也会给某些行业、企业造成威胁，使这些行业、企业受到冲击甚至被淘汰。

[例] 电脑的运用代替了传统的打字机，复印机的发明排挤了复写纸，数码相机的出现夺走胶卷的大部分市场等等。

（二）科技发展促使消费者购买行为的改变

随着多媒体和网络技术的发展，出现了电视购物、网上购物等新型购买方式。人们还可以在家中通过网络系统订购车票、飞机票、戏票和球票。工商企业也可以利用这种系统进行广告宣传、营销调研和推销商品。随着新技术革命的进展，"在家便捷购买、享受服务"的方式还会继续发展。

（三）科技发展影响企业营销组合策略的创新

面对新的技术环境变化，企业应当在产品、价格、分销、促销上及时调整策略。

（1）在产品上，要求企业不断开发新产品，特别是个性化产品，努力适应市场消费的需要；

（2）在分销上，由于超级市场、廉价商店、自动售货机、网络营销的迅速发展，要求商品配送由传统的以厂商为出发点改为以市场为出发点；

（3）在价格上，要求企业定价更加科学、灵活；

（4）在促销上，要求企业利用各种媒体进行促销，特别要利用互联网加强与顾客的接触和联系。

要点警句

营销环境的特点有：不可控性、动态性、相关性和差异性。

趣味讨论

你知道哪些有趣的新兴环保产品？

第三节　微观营销环境

企业所面对的市场营销环境并不是固定不变的，而是处于经常变动之中。监测和把握环境诸力量的变化，善于从中发现并抓住有利于企业发展的机会，避开或减轻由环境带来的威胁，是企业营销管理的头等问题。微观环境直接影响和制约企业的市场营销活动，而宏观环境主要以微观营销环境为媒介间接影响和制约企业的市场营销活动。

市场营销的微观环境主要是指对企业营销活动发生直接影响的组织和力量，包括企业本身、供应商、营销中介、顾客、竞争对手和社会公众。供应商—公司—营销中介—顾客这一链条构成了公司的核心营销系统。

一、企业本身

企业开展营销活动要充分考虑到企业内部的环境力量。企业内部设立管理、行政、财务、会计、研究开发、采购、生产、营销等部门。营销部门又由品牌管理、营销研究人员，广告专家，促销专家，销售经理及销售代表等组成。

二、供应商

供应商是指向企业及其竞争者提供生产产品和服务所需资源的企业或个人。它所提供的资源主要包括原材料、设备、能源、劳务、资金等。

三、营销中介

营销中介是指直接或间接地参与企业产品分销活动的其他企业或个人，包括中间商、物流机构、营销服务机构和金融机构等。

1. 中间商

中间商是指把产品从生产者流向消费者的中间环节和渠道，它主要包括商人中间商和代理中间商。商人中间商是从事商品购销活动，并对所经营的商品拥有所有权的中间商，如批发商、零售商等。企业能否选择到适合自己营销策略的中间商，关系到企业的兴衰成败。

2. 物流机构

物流机构是指那些协助企业储存产品和把产品从原产地运往销售目的地的单位，包括仓储公司和运输公司。一般情况下，企业只有在建立自己的销售渠道时才会依靠仓储公司；在委托中间商销售产品的时候，仓储服务往往由中间商承担，仓储公司储存并保管要运送到下一站的货物。运输公司包括铁路、公路、航空、货轮等货运公司，生产企业主要通过权衡成本、速度和安全等因素来选择成本效益最佳的货运方式。

3. 营销服务机构

营销服务机构是广义的范畴，它涉及的面比较广，包括广告公司、财务公司、营销咨询公司、市场调研公司等等。这些机构提供的专业服务将对企业营销活动产生直接影响，如：市场调研公司通过市场调研为企业经营决策服务；广告公司为企业产品推向市场进行宣传等等。

4. 金融机构

金融机构包括银行、信用公司、保险公司和其他协助融资或保障货物的购买与承担销售风险的公司。在现代经济生活中，企业与金融机构有着不可分割的联系，如企业间的财务往来要通过银行进行结算；企业的财产和货物要通过保险公司进行保险等。

四、顾客

企业的一切营销活动都是为了满足顾客的需求，企业的顾客构成了企业的目标市场，这是企业的服务对象。顾客的范围十分广泛，顾客市场可依据不同标准和特点划分成许多类别，一般可分为以下几类：

（1）消费者市场。指个人或家庭为了生活消费而购买或租用商品或劳务的市场。

（2）生产者市场。它是指生产者为了进行再生产而购买产品（主要是设备和材料）的市场。

（3）转卖者市场。它是指批发商、零售商等转卖者为了把货物转卖或出租给他人以取得利润而购买商品的市场。

（4）社会集团市场。它是指政府机关、社会团体、部队、企业、事业及各种集体组织，用国家拨付的经费或集体资金，购买公用消费品的市场。

（5）国际市场。它是指由国外的消费者、生产者、转卖者、政府机构等所组成的市场。

企业应明确其产品市场的主要类型，以便针对目标市场顾客的特点，制定适宜的营销策略，这是扩大销售、提高市场占有率的根本措施。

五、竞争者

竞争者是指向企业所服务的目标市场提供相同或类似产品，并对企业构成威胁的单位或个人。企业在目标市场进行营销活动的过程中，不可避免地会遇到竞争者或竞争对手的挑战。企业为了能在目标市场上取得比较多的市场份额、不被竞争对手击败，就必须准确地分析、深入地了解竞争对手，做到知己知彼，扬长避短，主动参与竞争。从满足消费需求或产品替代的角度看，每个企业在试图为自己的目标市场服务时通常面临着 4 种类型的竞争者：

1. 愿望竞争者

愿望竞争者是指提供不同产品以满足消费者目前不同愿望的竞争者。如：你是电脑制造商，那么生产彩电、空调、音响等不同产品的生产厂家就是愿望竞争者。如何促使消费者愿意首先选购电脑，而不是首先选购彩电、空调或音响，这就是一种竞争关系。它们各自构成相互的愿望竞争者。

愿望竞争主要是从行业乃至产业之间的竞争关系来看的，它既不属于生产经营相关产品的企业之间的竞争，也不属于生产经营相同产品的企业之间的竞争。愿望竞争将使购买力的投向在不同行业或不同产业之间发生转移，从而使不同行业或产业的市场规模发生或大或小的变化。

2. 一般竞争者

一般竞争者是指提供满足同一种需求的不同产品的的竞争者。

［例］一个消费者打算通过某种形式来解决上下班的交通问题，而购买一辆自行车，或是一辆摩托车，或是一辆小车都可以满足他的这一要求，那么提供自行车、摩托车、小车的各个企业之间就在这一部分市场上形成了竞争关系，互为一般竞争者。

图2－10　三种交通工具的生产企业互为平行竞争者

（图片来源：http：//image.baidu.com/）

实际上，这些种类不同的产品有着相同或类似的功用，它们在满足某种需要上是可以相互替代的，这些产品就是所谓的相关产品。一般竞争主要考察的是不同行业间生产经营相关产品的企业之间的竞争问题，一般竞争将使购买力的投向在不同行业的生产经营相关产品的企业之间发生转移。一般竞争的强度，主要取决于科技进步所带来的相关产品的多少以及相关替代的程度。在科技进步较快的情况下，企业应对一般竞争问题予以较多的关注。

3. 产品形式竞争者

产品形式竞争者指的是向企业的目标市场提供种类相同，但质量、规格、型号、款式、包装等有所不同的产品的其他企业。由于这些形式不同的同种产品在对同一种需要的具体满足上存在着差异，购买者有所偏好和选择，因此这些产品的生产经营者之间便形成了竞争关系，互为产品形式竞争者。

［例］自行车就分男式车、女式车、轻便车、加重车、平车、山地车、助力车、赛车等。如自行车购买者作出的选择山地车的购买决策，这实际上是产品形式竞争的结果。

（资料来源：http：//baike.baidu.com/view/5006107.htm）

4. 品牌竞争者

品牌竞争者指的是向企业的目标市场提供种类相同，产品形式也基本相同但品牌不同的产品的其他企业。由于主客观原因，购买者往往对同种、同形不同品牌的产品形成不同的认识，具有不同的信念和态度，从而有所偏好和选择，因而这些产品的生产经营者之间便形成了竞争关系，互为品牌竞争者。

［例］在快餐连锁业中，麦当劳和肯德基成为品牌竞争者。

上面第三、四类竞争，是在相同产品之间进行的，属于同行企业间的竞争。这两种竞争，将使同行业内不同企业的市场占有率和市场地位发生变化。市场营销学中所讲的竞争，主要是指品牌竞争、产品形式竞争以及平行竞争。

六、公众

公众是指对企业实现其目标具有实际或潜在利害关系和影响力的一切团体和个人。

（一）媒介公众

指在企业与外界之间起沟通、传播信息作用的大众媒介，如报纸、杂志、电视、广播等。

（二）政府机构

指与企业的业务活动有直接关系的政府机构和企业主管部门，如财政、工商、税务、物价、商检、卫生防疫等部门。

（三）社会公众

指消费者组织、环境保护组织及其他群众团体，如消费者协会、环境保护协会、志愿者服务组织、少数民族组织、科研院所、社区文娱体育团体等。

企业的营销活动必然要影响公众的利益，因此公众也会关注和监督企业的营销活动，这就要求企业要处理好跟周围公众的关系。

趣味讨论

对于某电脑生产厂来说，以下哪些会对该厂的营销活动产生影响？

①银行②本厂的财务部③物流公司④其他卖电脑的企业⑤卖电视的企业⑥小强热线⑦本厂附近的居民⑧广告公司⑨本地工商局⑩电脑集成电路板供应商

第四节　营销环境分析与对策

在企业与市场营销环境的关系中，最应重视的是市场营销环境的动态性和企业对营销环境的适应性。市场营销环境包含的内容既广泛、复杂，同时各因素之间存在着的交叉作用，不仅总体环境影响个体环境，而且总体环境中各因素也互相影响。市场营销环境的变化是绝对的。现代市场营销理论特别强调企业对环境的能动性和反作用，认为企业对周围环境的关系，不仅有反应、适应的必要，更有积极创造和控制的可能。

一、环境分析的基本策略

市场营销环境的动态性，使企业在不同时期面临着不同的市场营销环境。而不同的市场营销环境，既可能给企业带来机会，也可能给企业带来威胁。企业的生存和发展与周围环境的变化息息相关，分析周围环境的变化，利用机会，避开威胁是企业完成任务的基础。为此，企业要建立相应的营销情报系统，研究这些因素的重大发展趋势和规律，从而发现机会和威胁。

一般来说，企业营销者对环境分析的基本态度有两种：

1. 消极适应

此种态度认为环境是客观存在、变化莫测、无规律可循的，企业只能被动地适应而不能主动地利用。因此，企业只能根据变化了的环境来制定或调整营销策略。持这种态度的营销者忽视了人和组织在营销环境变化中的主观能动性，而始终跟在环境变化的后面走，维持或保守经营，缺乏开拓创新精神，难以创造显著的营销业绩，容易被激烈竞争的市场所淘汰。

2. 积极适应

此种态度认为在企业与环境的对立统一中，企业既依赖于客观环境，同时又能够主动地认识、适应和改造环境。营销者积极能动地适应环境，主要表现在三个方面：

（1）认为不可控的营销环境的变化是有规律可循的，企业可以借助于科学的方法和现代营销研究手段，揭示环境发展的变化规律，预测其趋势，及时调整营销计划与策略。

（2）把适应环境的重点放在研究环境发展的变化趋势上，根据环境变化趋势制定营销战略，使得环境发生实际变化时，企业不至于措手不及，也不会跟在变化了的环境后头而被动挨打。

（3）通过各种宣传手段，如广告、公共关系等来创造需求，引导需求，以影响环境，创造有利环境，促使某些环境因素向有利于企业实现其营销目标的方向发展变化。

二、市场机会分析

市场机会是指营销环境中对企业市场营销有利的各项因素的总和。有效地捕捉和利用市场机会，是企业营销成功和发展的前提。企业只要密切注视营销环境变化带来的市场机会，适时作出适当评价，并结合企业自身的资源和能力，及时将市场机会转化为企业机会，就能开拓市场，扩大销售，提高企业产品的市场占有率。同样的环境对于不同的企业，其市场机会和市场容量往往大小不同，由此带来的潜在吸引力也不一样，企业在利用各种市场机会时，获得成功的可能性也有大小之分。分析评价市场机会主要有两个方面：一是考虑机会给企业带来的潜在利益的大小，二是考虑机会出现概率的大小，如图 2－11 所示。

潜在吸引力 \ 成功的可能性（概率）	大	小
大	Ⅰ	Ⅱ
小	Ⅲ	Ⅳ

图 2－11　市场机会分析矩阵图

在市场机会分析矩阵图中，纵轴表示潜在吸引力，即潜在的赢利能力，用利润额表示；横轴表示成功的可能性，用概率值来表示，数值越大，成功的可能性越大，反之越小。在市场机会分析矩阵图中的四个区域中，其潜在吸引力和成功的可能性是不同的。

区域Ⅰ：是最好的营销环境机会，其潜在吸引力和成功的可能性都很大，企业应抓住和利用这一机会，谋求发展。

区域Ⅱ：潜在的吸引力大，而成功的可能性小。企业应设法找出成功可能性低的原因，然后设法扭转不利因素，使企业自身条件加以改善。

区域Ⅲ：潜在吸引力小，而成功的可能性大。对中小企业来说，可以积极利用；而对大型企业来说，应该观察其发展变化趋势。并依据变化情况及时采取措施。

区域Ⅳ：潜在吸引力小，而成功的可能性也小。一般无机会可言。

［例］1875 年，美国罐头大王亚默尔在报纸上看到一条豆腐块新闻，说是墨西哥畜群中发现了病疫，有些专家怀疑是一种传染性很强的瘟疫。亚默尔立即联想到，毗邻墨西哥的美国加利福尼亚州、得克萨斯州是全国肉类供应基地，如果瘟疫传染至此，政府必定会禁止那里的牲畜及肉类进入其他地区，从而造成全国供应紧张，价格上涨。于是，亚默尔马上派他的家庭医生调查，并证实了此消息，然后果断决策，倾其所有，从加、得两州采购活畜和牛肉，迅速运至东部地区，结果一下子赚了 900 万美元。墨西哥畜群发生病疫，可能牵连到美国加、得两州肉类向东部地区供应，亚默尔很快看到这一营销环境的变化给企业带来的市场机会，果断决策，变潜在市场机会为公司市场机会，结果赚了大钱。

（资料来源：http：//www. whaty. com/2009jpk/zzdx/scyxx/lljx/zj/ch4/zj4－3. html）

三、环境威胁分析

环境威胁是指营销环境中对企业营销不利的各项因素的总和。企业面对环境威胁，如果不果断地采取营销措施，避免威胁，其不利的环境趋势势必伤害企业的市场地位，甚至使企业陷于困境。环境威胁对于企业来说是客观存在的，其对营销活动的影响程度是不同的，有的严重一些，有的则轻一些，因此，可以按它的潜在严重性和它出现威胁的可能性大小列成环境威胁矩阵图进行分析，如图 2-12 所示。

出现威胁的可能性（概率）

图 2-12　环境威胁分析矩阵图

在环境威胁分析矩阵图中，纵轴表示威胁潜在的严重性，即环境威胁出现后给企业带来利益损失的大小；横轴表示出现威胁的可能性，一般用概率值来表示，数值越大，表示出现威胁的可能性越大，数值越小，表示出现威胁的可能性越小。在环境威胁分析矩阵图中，环境威胁的潜在严重性和出现威胁的可能性是不同的。

区域Ⅰ：潜在严重性大，出现威胁的可能性小，但一旦出现，会给企业造成极大的利益损失，因而不可掉以轻心。

区域Ⅱ：潜在严重性和出现威胁的可能性均大，一旦出现，将会给企业造成极大的利益损失，应予以高度重视，及早制定应变策略。

区域Ⅲ：潜在严重性小，出现威胁的可能性也大，一般不构成对企业的威胁，是最佳的市场营销环境。

区域Ⅳ：潜在严重性小，出现威胁的可能性小，出现以后对企业造成的损失虽然小，但也应加以注意。

在环境威胁分析中，企业应特别重视区域Ⅰ、区域Ⅱ的营销环境，要把主要精力放在对这两种环境的监测和改变上，防止威胁给企业带来的营销风险。

企业对环境威胁一般取 3 种对策：

1. 对抗策略，也称抗争策略

即企业试图通过自己的努力限制或扭转环境中不利因素的发展。如通过各种方式促使（或阻止）政府通过某种法令或有关权威组织达成某种协议、努力促使某项政策或协议的形成以用来抵消不利因素的影响。

2. 减轻策略，也称削弱策略

指企业通过调整、改变营销组合策略，尽量减轻环境威胁的程度，如通过加强管理、提高效率、降低成本来抵减原材料涨价带来的威胁。

3. 转移策略，也称转变或回避策略

即指企业通过改变自己受到威胁的主要产品的现有市场或将投资方向转移来避免环境变化对企业的威胁。包含产品转移、市场转移和行业转移。产品转移，即将受到威胁的产品转移到其他市场；市场转移，即将企业的营销活动转移到新的细分市场上去；行业转移，即将企业的资源转移到更有利的行业中去，实行多元化经营。如在一些发达国家，人工成本很高，一些劳动密集型企业便转移到发展中国家进行生产；又如一些烟草生产企业进入一些新的行业，开展多种经营。

[例] 随着上海第一家冠心病特色药房在南京路上的诞生，肿瘤药房、糖尿病药房、皮肤病药房等越来越多的特色药房相继在上海出现。特色药房的诞生，一方面是因为随着医疗体制改革的深入，人们逐渐习惯于小毛病自己买药，吃非处方药，于是药房销售额有所上升；另一方面，到1998年11月，上海共有120多家药房，竞争日趋激烈，没有经营特色和服务特色就没有竞争优势，于是一些有远见的药店老总纷纷打出了特色牌。特色药房不仅"对症卖药"，而且往往还配套了各种特色服务。如：华氏大药房皮肤病特色药房不但针对某种病由推出一个系列的药品，而且推出了发送联系卡，提前与专家预约等服务，接待顾客达4 000多人次。从"大而全"到"细分化"，特色药房的出现，不但有利于整个医药市场的良性竞争，也为病人带来了方便。此外，特色药房还为制药厂商了解市场最新信息、进入市场打下基础，成为沟通生产者和消费者的大窗口。一些大药房已瞄准了时机，也准备以连锁经营的形式，把特色药房开到郊区，开进社区。

（资料来源：中国营销传播网）

四、营销环境分析的对策

（一）综合环境分析

在企业实际面临的客观环境中，单纯的威胁环境或机会环境是少有的。一般情况下，营销环境都是机会与威胁并存，利益与风险结合在一起的综合环境。

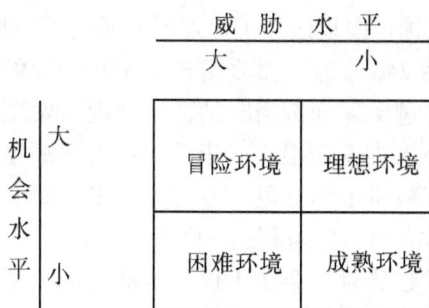

图 2 – 13　营销环境的综合分析

1. 面临理想环境应采取的策略

由图 2 – 13 可看出，理想环境是机会大，威胁小，利益大于风险。这是企业难得遇上的好环境。企业必须抓住机遇，扬长避短，开发新产品，创造营销佳绩。或者在原有的基础上扩大生产和经营规模，并充分运用 4Ps 组合策略，全面提高产品或企业的市场地位，争取将产品和企业发展、培育成为名牌产品和名牌企业。

2. 面临冒险环境应采取的策略

冒险环境是机会和威胁同在，利益与风险并存，在有很高利益的同时，存在很大的风险。面临这样的环境，企业必须加强调查研究，进行全面分析，发挥专家优势，审慎决策，以降低风险，争取利益。有开拓能力的领导层，也可抓住机会，勇于冒险，果断决策，努力在冒险环境中捕捉商机，开拓业务。面对威胁，要冷静分析，在慎重调查的基础上弄清企业主要的威胁是什么，来自何方，要善于扬长避短，调整市场营销组合策略来改善环境，适应环境变化，以减轻威胁给企业营销带来的不利影响；或者通过努力限制或扭转企业所面临的环境威胁，争取使企业向理想环境方向转换。

3. 面临成熟环境应采取的策略

成熟环境是机会和威胁都比较小，是一种比较平稳的环境。面对这样的环境，企业一方面要按常规经营，规范管理，以维持正常运转，取得平均利润；另一方面，要积极、主动地作好应变的准备，因为企业不可能一劳永逸地利用同一市场机会。为了在竞争中取得主动，企业要积极寻找适合自己生存的环境，开拓新的营销领域，在宏观环境一时无法改变的情况下，努力改变微观环境，创造出新的营销空间，以使企业长盛不衰。

4. 面临困难环境应采取的策略

困难环境是风险大于机会，意味着企业处境已十分困难。企业面对困难环境，必须想方设法扭转局面。企业应尽快开拓新的目标市场和实施新的营销手段及策略，既要减轻、摆脱威胁，又要及时发现机会，将企业的业务尽快转移到盈利水平更高的行业或市场，或实行多元化经营，尽快使企业走出困境，以避免更大的损失。如果大势已去，无法扭转，则必须采取果断措施，退出在该环境中的经营，另谋出路。

[例] 1986年我国许多地区在工业发展中形成了一股"服装热",仅大连地区小服装厂就达240多家,某乡筹措了150万元的资金,计划建一个较大的服装厂,但经过反复分析当时的环境状况,发现服装生产行业的竞争过于激烈,此时介入难度会很大。于是他们另辟蹊径,用这笔钱引进了一套设备,用于给布料缩小和褪色,专门为众多的服装生产厂商进行产前处理工作,生意异常兴隆,年盈利达300万元。

分析环境变化的趋势时,企业不仅要认清当前的形势,更重要的是要分析环境潜在的变化,并能从机会中看到威胁和从威胁中找到机会。

(资料来源:冯金祥,张再谦. 市场营销知识. 高等教育出版社)

本章汇总

一、市场营销环境

(一) 定义

市场营销环境是指影响企业营销活动的各种外部因素的总和。

(二) 特点

动态性、差异性、相关性、不可控性。

二、宏观营销环境

(一) 含义

宏观营销环境是指间接影响企业营销活动的不可控制但应尽量去适应的外部因素。

(二) 内容

人口环境、经济环境、自然环境、政治法律环境、社会文化环境、科学技术环境。

三、微观营销环境

（一）含义

市场营销的微观环境主要是指对企业营销活动发生直接影响的组织和力量。

（二）内容

企业内部本身、供应商、营销中介、顾客、竞争者和公众。

四、营销环境分析与对策

（一）环境分析的基本策略

1. 消极适应
2. 积极适应

（二）营销环境分类

分为环境机会和环境威胁。

（三）营销环境对策

分析环境变化的趋势时，企业不仅要认清当前的形势，更重要的是要分析环境潜在的变化，并能从机会中看到威胁和从威胁中找到机会。

课后练习

一、填空题

1. 市场营销环境是指影响企业市场营销活动的_____的各种外部因素的总和。

2. 市场营销环境包括_____和_____两大方面。

3. _____是指影响企业微观环境的一系列社会力量，是企业不可控制的因素。

4. _____是指与企业营销密切相关，影响企业为目标顾客服务的能力的各种参与者。

二、单选题

1. 从营销的角度来看，最主要的经济环境是（　　）。

A. 消费者收入的变化　　　　　B. 消费结构

C. 居民储蓄　　　　　　　　　D. 社会购买力

2. 以下不属于企业对环境威胁采取的对策是（　　）。

A. 反抗策略　　B. 减轻策略　　C. 转移策略　　D. 增加策略

3. 广告公司属于（　　）。

A. 中间商　　　　　　　　　　B. 实体分销机构

C. 营销服务机构　　　　　　　D. 金融机构

4. 春香这个月的工资是 1 000 元，交纳个人所得税、扣除日常各项生活开支后，还剩 450 元，请问这 450 元是（　　）。

A. 个人可支配收入　　　　　　B. 个人可任意支配收入

C. 货币收入　　　　　　　　　D. 实际收入

5. 恩格尔系数 = （　　）/总支出。

A. 食品支出　　　　　　　　　B. 不动产支出

C. 所得税支出　　　　　　　　D. 交通、娱乐、教育支出

6. "绿色营销"是因为（　　）对企业营销活动产生了影响而提出的现代营销观念。

A. 人口环境　　　　　　　　　B. 社会文化环境

C. 技术环境　　　　　　　　　D. 自然环境

7. （　　）是指机会水平高，威胁水平也高的营销环境。

A. 理想环境　　B. 冒险环境　　C. 成熟环境　　D. 困难环境

8. 某外贸公司出口中东国家的龙图挂毯因其所绘的龙为五爪，在当地是凶兆的象征，所以全部被退货，所以该公司是没有很好地了解当地的（　　）而导致了销售的失败。

A. 价值观念　　B. 风俗习惯　　C. 宗教信仰　　D. 语言文字

9. 以下最佳的环境机会是（　　）。

A. 出现概率大，利益大　　　　B. 出现概率小，利益大

C. 出现概率大，利益小　　　　D. 出现概率小，利益小

10. 企业必须高度重视的环境威胁是（　　）。

A. 出现概率大，影响程度大　　B. 出现概率大，影响程度小

C. 出现概率小，影响程度大　　D. 出现概率小，影响程度小

11. 对于成熟环境应采取的对策是（　　）。

A. 抓住机会，开拓经营

B. 审慎决策，降低风险

C. 积蓄力量，为进入理想、冒险环境作准备

D. 果断撤出，另谋发展

三、多选题

1. 下列属于公众的环境因素是（　　）。

A. 工商部门　　　　　　　　　B. 卫生防疫部门

C. 消费者协会　　　　　　　　D. 广播电视传媒

2. 以下属于人口环境因素的有（　　）。

A. 人口分布　　B. 性别　　C. 家庭状况　　D. 年龄结构

3. 下列因素属于宏观环境的有（　　）。

A. 企业　　　　B. 营销中介　　C. 科技　　　D. 政治法律

4. 下列因素属于微观环境的有（　　）。

A. 供应商　　　B. 顾客　　　C. 人口　　　D. 经济

5. 营销中介包括（　　）。

A. 中间商　　　　　　　　　　B. 供应商

C. 实体分销机构　　　　　　　D. 金融机构

6. 以下属于实体分销机构的有（　　）。

A. 仓储企业　　B. 广告公司　　C. 运输企业　　D. 批发商

7. 以下属于社会文化环境的有（　　）。

A. 价值观念　　B. 风俗习惯　　C. 宗教信仰　　D. 语言文字

四、判断题

1. 在一定时期内，当居民收入一定时，储蓄额越大，其现实购买力越小，潜在购买力越大。　　　　　　　　　　　　　　　　　（　　）

2. 政府在市场营销环境中属于宏观环境因素。　　　　　（　　）

3. 从事企业营销活动不需要了解政府方针政策。　　　　（　　）

4. 消费者在购买的过程中扮演的角色只是购买者。　　　（　　）

5. 不同年龄阶段的人消费需要是相同的。　　　　　　　（　　）

6. 同一环境因素，对不同的企业的影响程度是相同的。　（　　）

7. 顾客是企业营销活动的起点，将产品销售出去是企业营销活动的对象和终点。　　　　　　　　　　　　　　　　　　　　　（　　）

8. 一般来说，恩格尔系数越大，生活水平越高。　　　　（　　）

9. 消费者市场与组织市场相对应，一般具有"购买者大多数是产品的内行"的特点。　　　　　　　　　　　　　　　　　　　　（　　）

10. 急剧的通货膨胀，会引起消费者的大量抢购，企业会出现盲目生产的现象，最终导致经济减速甚至衰退。　　　　　　　　　　（　　）

11. 新技术既为企业的营销活动创造了机会，又带来了威胁。（　　）

12. 一般来说，人口密度越大，顾客越集中，营销成本越高。（　　）

13. 一个国家或地区的总人口数，基本上反映了该国家或地区的消费市场的大小。（　　）

14. 我国南北方人民食品口味上存在着很大的差异，导致对食物的需求也不同，这是宏观环境中的经济因素造成的。（　　）

15. 所谓环境机会是指营销环境中对企业市场营销有利的各项因素的总和。（　　）

五、判断选择题（请将对应的答案填在题号后的横线上）

1. 供应商对企业营销活动的影响主要表现在：

（1）供应商提供的资源质量。_____

（2）供应商提供的资源价格。_____

（3）供应商的供货能力。_____

A. 企业生产的商品的成本和售价

B. 企业生产和交货期

C. 企业所生产商品的质量

2. 以下情况分别对应哪种竞争者的类型？

（1）某消费者可能在某时期会同时具有电冰箱、电视机、洗衣机、摩托车、手机、电脑等需要，如果购买力一定，则这些产品之间就形成了一种竞争关系。_____

（2）自行车、摩托车、小轿车都可用作家庭交通工具，满足人们出行的需要，生产这三种产品的企业之间存在着一定的竞争关系。_____

（3）诺基亚手机同时出现直板款式和滑盖款式，形成竞争。_____

（4）在国内运动休闲服装中，李宁和安踏形成竞争关系。_____

A. 一般竞争者　　　　　　　B. 产品形式竞争者

C. 欲望竞争者　　　　　　　D. 品牌竞争者

案例分析

商海沉浮，世事难料。1973 年 9 月，肯德基公司突然宣布香港市场的多间家乡鸡快餐店停业，只剩下 4 间还在勉强支持。到 1975 年 2 月，首批进入香港的美国肯德基连锁店全军覆没。当年，为了取得肯德基家乡鸡首次在香港推出的成功，肯德基公司配合了声势浩大的宣传攻势，在新闻媒体上大做广告，采用该公司的世界性宣传口号"好味到舔手指"。凭着广告攻势和人们的新鲜劲儿，肯德基家乡鸡还是火了一阵子，很多人都乐于一

试，一时间快餐店也门庭若市。可惜好景不长，3个月后，就"门前冷落鞍马稀"了。在世界各地拥有数千家连锁店的肯德基为什么唯独在香港遭受如此厄运呢？经过认真总结经验教训，他们发现是中国人固有的文化观念导致了肯德基的惨败。首先，其在世界其他地方行得通的广告词"好味到舔手指"，在中国人的观念里不容易被接受。舔手指被中国人视为肮脏的行为，味道再好也不会去舔手指，人们甚至对这种广告反感。其次，家乡鸡的味道不容易被接受。鸡是采用当地鸡种，但其喂养方式仍是美国式的，用鱼肉喂养出来的鸡破坏了中国鸡的特有口味。再次，家乡鸡的价格对于一般市民来说还有点承受不了，因而抑制了需求量。此外，美国式服务难以吸引回头客。在美国，顾客一般是驾车到快餐店，买了食物回家吃。因此，在店内通常是不设座的。而中国人通常喜欢三三两两在店内边吃边聊，不设座位的服务方式难寻回头客。10年后，肯德基带着对中国文化的一定了解卷土重来，并大幅度调整了营销策略。广告宣传比较低调，市场定价符合当地消费，市场定位于16岁至39岁之间的人群。1986年，肯德基家乡鸡新老分店的总数在香港为716家，占世界各地分店总数的1/10强，成为香港快餐业中与麦当劳、汉堡包、必胜客并列的四大快餐连锁店之一。肯德基在香港市场上的沉浮记深刻地说明了：市场犹如一匹烈马，只有了解它才能更好地驾驭它。从本例中可以看出，企业的市场营销活动是在一定的社会环境下进行的，并处于动态的变化之中。市场营销环境是企业市场营销活动的约束条件。要制定有效的市场营销战略，实现市场营销目标，就必须研究市场营销环境。那么，什么是营销环境？企业如何影响环境？

（资料来源：http：//blog. sanfo. com/user/sunnybeauty/archives/2006/2006914112523. shtml）

思考：

（1）什么是营销环境？

（2）企业应如何应对营销环境的变化？

第三章 STP 战略

[学习目标]

1. 了解市场细分、目标市场、市场定位的含义
2. 掌握市场细分的标准
3. 掌握目标市场选择的影响因素
4. 掌握市场定位的程序
5. 掌握市场细分的方法
6. 掌握目标市场和市场定位的策略

[案例导引]

北京妙士乳业有限公司创立于 1992 年，经过十余年的快速发展，由一个区域品牌发展为全国性品牌，先后建立了 8 家生产基地，基本完成了全国市场的战略布局；设立了十余家销售公司，建立起强大的销售网络，总部也由保定迁至北京，扭转了其区域品牌的形象。与一些成功企业发展过程相似，妙士乳业成立之初资源极度匮乏，既无国有企业背景也无强势资本注入，且身处消费水平不高的城市。在经过了细致的市场调研后，他们发现了餐厅奶的巨大市场空白，且妙士系列产品以乳酸菌饮料为主，屋顶装为主要包装形式，符合就餐多用乳饮料的需求。经过反复的分析与评估，他们果断地放弃传统渠道，确定了企业的细分市场与发展方向——"以餐店为主要终端，开创牛奶饮料上餐桌的先河"。这一发展策略经受住了市场的考验。经过了十余年的努力与积累，妙士几乎成为餐厅奶的代名词，在餐饮渠道拥有绝对优势，令其他传统餐饮奶如新南洋、太子奶、天香、美森等难以逾越，创造出一流的销售业绩，保持了良好的财务状况，成为乳品行业中令人尊重的品牌。

思考：

（1）什么是市场细分？

（2）如何进行市场细分？

（3）怎样确定目标市场？

第一节　市场细分

一、市场细分的含义

市场细分是 STP 战略[①]中的第一步。市场细分就是企业从消费者需求差异出发划分市场，把一个大市场划分为若干个相似的小市场的过程。被划分的小市场也称为子市场或分市场。

［例］根据消费者需求差异出发，可将家具市场划分为家居家具、办公家具、酒店家具、美容专用家具等小市场，如图 3-1 所示。

图 3-1　家具市场细分

市场可分为同质市场和异质市场。

同质市场是指消费者对某种商品的需求和对企业市场营销策略的反应具有较大程度的一致性的市场。

［例］人们对洗涤用水的需求没有大的差异，既不要求，也不太可能对洗涤用水进行挑选。

异质市场是指消费者对某种商品的需求和对企业市场营销策略的反应

---

① 在营销理论中，市场细分（Segmenting）、目标市场（Targeting）与市场定位（Positioning）被称为营销的 STP 战略。

各不相同的市场。

　　[例] 人们对服装的需求就大不相同，对服装企业的营销策略的反应也大相径庭。

　　市场细分是针对异质市场而言的。

要点警句

市场细分是企业从消费者需求差异出发划分市场的过程。

二、市场细分的意义

（一）有利于发掘最佳市场机会

　　通过市场细分，企业可以寻找到目前市场上的空白点，了解到现有市场上有哪些消费需求没有得到满足，如果企业能够满足这些消费需求，则可以发掘一个新的市场机会。

　　[例] 陈嘉庚集资 7 000 余元，在距新加坡 10 英里外的井水港山地，建造了"新利川"菠萝罐头厂，这是陈嘉庚独立经营的第一个工厂。陈嘉庚了解了十余家同行业的经营情况，做到知己知彼，百战不殆。当时，欧美洋行所采买的罐头，有条装、块装、方装、枚装、圆装、刻花装、糖装、水装、糖水各半装等等，不下五六十种。其中以条装、方装、枚装为最大宗，年产达 170 余万箱，约占总产量的 80% 以上，是同行业争夺的重点对象。而其余数十种杂装年仅需要一二十万箱，每次成产量不过数十、数百箱，向来不被人重视。可是这种小批量的杂装价格较高，陈嘉庚心想这是一笔极好的生意，人弃我取，积少成多，必将获得厚利。所以，他决定把所有的杂装定货全部承揽下来。他不计劳苦，每日到工厂巡视，掌握生产进度，指挥生产。经过 3 个月的经营，收入果然大增，获利约 4 万元，陈嘉庚自称为初出茅庐的第一次成功。

（二）有利于上市产品适销对路

　　通过市场细分，企业不仅可以发现消费者尚未得到满足的需求，还可以掌握消费需求的发展趋势，以此来生产符合市场需求的产品，从而使企业取得更好的经济效益。

　　[例] 左撇子公司专门生产左撇子工具，做到了商品适销对路，见图3－2。

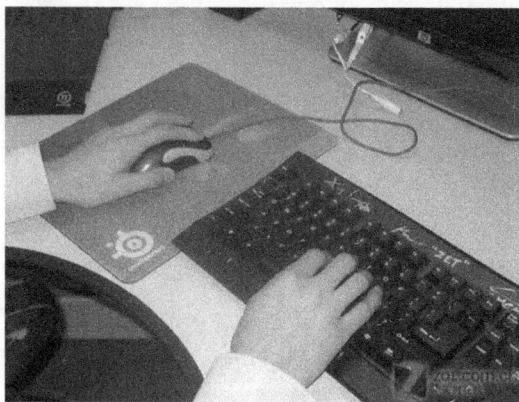

图 3 - 2　左撇子鼠标

（三）有利于制定营销策略

在全球企业日趋大型化的时代，仍然有众多的中小企业得到了生存和发展，原因就在于这些中小企业通过细分市场抓住了大企业所留下的市场空隙，发挥自己的灵活性，根据自己有限的资源条件，实施其营销策略。

［例］有的企业把钢笔市场细分为普通用笔市场和特细写字笔市场，考虑到财务、统计人员普遍爱用细笔，就专门开发、生产了财会专用笔，由于抓住了市场机会，产品适应了财会人员的需要，见图 3 - 3。

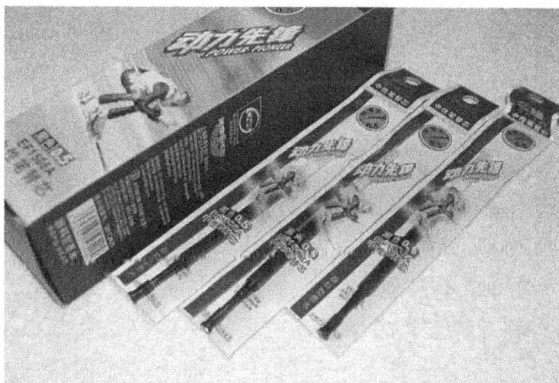

图 3 - 3　财会专用笔

三、消费者市场划分的标准

市场细分的依据是客观存在的需求差异性，而差异性很多，究竟按哪些标准进行细分，没有固定不变的模式。各行业、各企业可采用不同变数、不同方法细分。根据一般规律，影响消费者市场需求的变数可归纳为 4 大类：地理、人口、心理和行为。

（一）地理变数

按地理变数细分市场是指企业根据市场所在的地理位置、地形气候等变数来细分市场，一般可按国际国内、省市地区、城市农村、地形气候、交通运输等来划分。

1. 国际国内

按照地理位置可分为亚洲、非洲、欧洲、北美洲、南美洲、大洋洲。各洲又有不同的国家，由于地理位置和经济发展的不同，消费者的需求有很大差异。

[例] 中国的家用电器要想打入美国、西欧市场就要符合美国、西欧的电器标准。

2. 省市地区

按照地区和所处地理位置可将我国分为东北、华北、华东、华南、西南、西北等地区，每个大区又有若干个省份。由于地理位置的不同，有的沿海，有的靠山，消费者需求有很大差异。

[例] 北方地区气候寒冷干燥，而南方地区则温暖湿润，消费者对摩托车的要求就不一样，好多南、北方车过不了淮河就是这个道理。

3. 城市农村

通常可分为大城市、中小城市、乡镇和农村等。由于居住环境不同，消费者有不同需求。一般城里人讲求流行，农村人讲求实惠。

4. 地形气候

通常可分为山区、平原、热带、温带，处于各种地形的消费者都有不同的需求。

[例] 在四季如春的昆明市，好多人购买不安装车用空调的小汽车。

5. 交通运输

通常可分为交通发达、较发达、欠发达、不发达等，交通状况不同，人们的需求也会随之改变。

[例] 在交通特别不发达地区，人们一次购买日常商品的数量往往比交通发达地区多得多，对于产品保质期的要求也较高一些。

（二）人口变数

按人口变数细分市场是指企业根据人口调查统计的内容来细分市场。一般可分为年龄、性别、收入、家庭规模、生活阶段等变数。人口变数比其他变数更具有可衡量性，它一直是细分市场的重要依据。

1. 年龄和生活阶段

年龄一般可分为婴儿、幼儿、小学生、大中专学生、青年、中年和老年等几个阶段。生活阶段分为未婚、新婚、有学龄前子女、有学龄期子女、空巢和单身等几个阶段。青年人尤其是婚前的少男少女买衣服讲究流行、

时髦，对商品要求不高；上班族买衣服偏向端庄、得体，并与自己的职业身份相符；银发族买衣服的重点是保暖、耐穿、质感好。婚前的年轻人购买个人用品多，婚后的人群购买家庭用品居多。当然年龄不是绝对的，有些超过30岁的职业女性反而喜欢购买20~30岁女性穿的淑女装，这是由该类消费者心理年龄低于生理年龄所致，因而经营者在市场细分时既要注意生理年龄，又要注意心理年龄。

2. 性别

分为男、女两性。在服饰、化妆品、饰品上，男女消费者需求差别很大。

[例] 女性多用香水，男性则多用古龙水。手机从无性别区别变为有性别区别，手提电脑出现女性专用电脑。

当然，也有些人在穿着方面性别感不强，有的女性喜欢穿男式服装，并且在某一段时间内，服饰的性别差异会缩小。这就要求经营者在市场细分时既要注意男女性别差异，又要注意性别异化。另外，在某些专用品上性别变数也在发生作用。

[例] 日本三菱公司是一家大公司，在全世界都享有盛誉，但"三菱"品牌的手机在市场上反应平平，根本无法与诺基亚、摩托罗拉、爱立信抗衡。随着无线移动通信的飞速发展，我国使用手机的人越来越多，原本以中年人为主的手机用户向两头延伸，一头向中老年人发展，另一头向年青人发展。青年人加入手机市场，导致一些新的需求出现。三菱公司敏锐地发现，一些青年，特别是女青年为显示个性，希望拥有青年女性专用的手机。三菱公司据此深入调查，从一般手机市场细分出女青年手机市场，并决定占领这一目标市场，专门为女青年设计"三菱小菲"手机。银色、银灰色的外壳改变了过去黑、蓝、灰的男性特征，那修长的机型、圆润的弯角处处体现了女性的柔润之美。"三菱小菲"一投入市场就立刻赢得了女青年的喜爱，成为当时女青年的首选，取得了极大的销售量，提高了三菱手机的市场占有率。接着三菱公司又对该机型进行改变，向市场推出了"三菱小菲＋"，适应了女学生、女青年喜欢发短消息的要求，使产品进　步扩大了销售，见图3－4。后来其他公司也相继推出适合女青年使用的手机，女性手机市场正式确立。

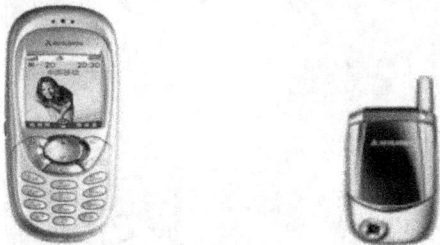

图3－4　三菱小菲、三菱小菲＋

3. 收入

一般可分为高、中、低 3 档，并且还可以进一步细分。在收入变数上，消费者需求差异很大，尤其是在奢侈品和高档生活用品上差异更是明显。

［例］在相当长一般时期内，上海较高收入者主要在高雅的淮海路上购物，中等收入者往往在热闹的南京路上购物，而中、低收入者则更多地在实惠的四川北路上购物。

［例］在大城市里，低收入者乘坐公交车、地铁上下班，中收入者以桑塔纳之类的小车代步，而高收入者则以驾驶宝马、奔驰为荣。

值得注意的是，也有些高收入者十分节俭，而某些中等收入者也会偶尔购买高档品质的商品。

（三）心理变数

按心理变数细分市场是指企业根据人的心理特点来细分市场。一般可分为人的个性、生活方式和社会阶层。

1. 个性

个性是消费者经常表现出来的比较稳定的本质的心理特征，具体表现在一个人在消费时的气质、能力和性格等方面的个性特点。

［例］SK-Ⅱ化妆品，就以成熟、自信的现代女性为目标市场；而美宝莲化妆品，则强调色彩绚丽，专为年轻、有朝气、追求变化的年轻女性量身制作，见图 3-5、图 3-6。

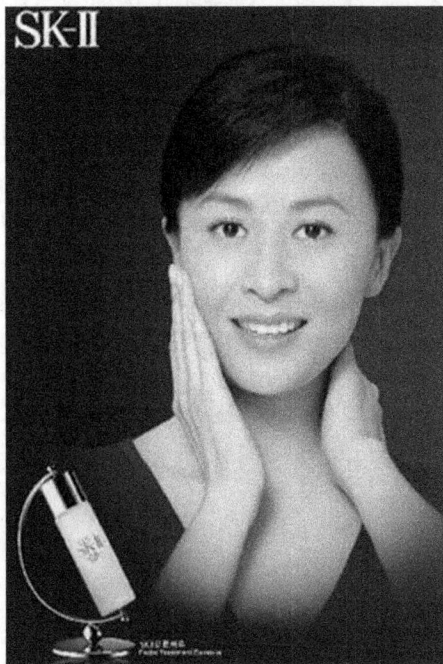

图 3-5　SK-Ⅱ化妆品广告

图3-6 美宝莲化妆品广告

2. 生活方式

生活方式是指个人或群体对消费、工作、娱乐等的特定习惯和倾向性的方式。古人云，"宁可食无肉，不可居无竹"，这反映了古人一种休闲的生活方式。

［例］在现代社会中，不生小孩甚至独身的人数逐年增加，房地产公司就推出面积较小、设计精致、功能齐全、服务到位的小型房，以满足这类人群的需要。

3. 社会阶层

社会阶层是以人的收入、地位、品位等综合指标进行区分的，一般可分为上上层、上下层、中上层、中下层、下上层和下下层。每个阶层对产品需求的差异很大。

［例］AMANI（阿玛尼）、GUCCI（古奇）等世界顶级服装以上层的消费者为主要对象，杉杉、培罗蒙服装以中层消费者为主要对象，而彬彬服装则以下层消费者为主要对象。

（四）行为变数

按行为变数细分市场是指企业以消费者对产品的认识、态度、使用情况或反应为基础来划分市场，一般包括市场反应、追求利益、购买时机、使用者状况、忠诚程度等内容。与心理变数相比，行为变数以消费者的外在表现行为作为划分基础，而心理变数则以消费者的内在心理表现为区分标准。

1. 市场反应

市场反应是指消费者对上市产品的看法、认识的程度。新产品上市，消费者一般有对产品完全不了解、有点了解、有兴趣了解或者完全了解这几类认知反应。企业应根据消费者认知反应的各个阶段采取相应的对策。

［例］北京亚都公司研发成功的加湿器很适合在北方干燥地区使用。该公司在开拓天津市场时，考虑到天津市民尚不了解加湿器产品，于是就开展公关与广告活动，逐渐提高了知名度，以后又不断开展现场营销推广活动，使人们进一步增加了解，产生兴趣。现在，北京亚都公司生产的加湿器已经风靡天津市场。

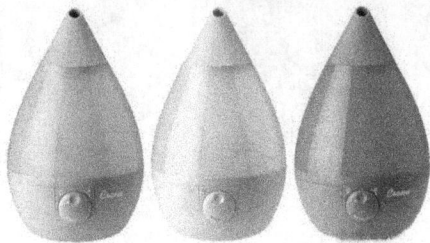

图3-7　加湿器

2. 追求利益

企业根据消费者购买商品追寻的利益对市场进行细分，知道消费者为何购买，就能有针对性地开展营销活动。

［例］以化妆品为例，刚跨入社会的年轻女性、工作多年的中高级白领、地位较高的当红明星或企业家、年迈的退休女工，都会对其有相应的认知，企业可根据人们追求的不同利益，推出不同的产品和服务。

3. 购买时机

购买时机也是一种市场细分的方式，包括想购买产品、实际购买产品和真正使用产品的时机。

［例］皮装本是冬天畅销的产品，到了夏天就无人过问了，厂商为了保持生产的稳定，有一年与温州商人联合起来，在上海乃至全国掀起了一股"反季销售皮装"的热潮，价格只是旺季的1/2，吸引了大批顾客反季购买，此次营销活动取得了巨大的成功。

至于夏天买冷饮、春节前办年货等都是典型的实际购买时机。企业了解、掌握了这些规律，就能采取相应的营销策略，吸引消费者购买。

4. 使用者状况

企业根据顾客使用产品的状况，把市场细分为从未使用者、曾经使用者、潜在使用者、首次使用者、经常使用者、大量使用者6种。营销者要善于开动脑筋，让从未使用者、潜在使用者、曾经使用者变为经常使用者和大量使用者。在如何实施方面，特别要注意2点：一是要认真开发潜在使用者，扩大用户数量；二是要维持发展大量使用者，他们人数较少，但购买数量较多。

［例］有一家航空公司发现，80%的机票是20%的老客户购买的。因

此开发新客户和稳定老客户就成了成功企业的制胜法宝。

5. 忠诚程度

企业根据购买者对品牌、产品的忠诚程度划分市场，一般可划分为坚定忠诚者、中度忠诚者、转移型忠诚者和经常转换者。坚定忠诚者是始终不渝地购买某一种品牌、产品的消费者；中度忠诚者是忠于两种或三种品牌、产品的消费者；转移型忠诚者是从偏爱一种品牌、产品转移到偏爱另一种品牌、产品的消费者；经常转换者是对任何一种品牌产品都不忠诚的消费者。忠诚程度除了与人的个性有关外，还和产品特点有关。例如，我国大城市消费者对外套、皮鞋比较有忠诚度，而对袜子很少有忠诚度。可口可乐与百事可乐公司不断地做提示性广告，其任务之一就是要提高消费者的忠诚程度。经营者的任务就是通过一系列的营销活动使消费者的忠诚度不断提高，进行如下的转换：

经常转换者→转移型忠诚者→中度忠诚者→坚定忠诚者。

根据以上资料，可把四大变数及其内容整理成表格，见表3-1、表3-2。

表3-1　市场细分标准的具体因素

细分标准	具体因素
地理细分	地区、城市或乡村、地理气候、交通运输
人口细分	年龄、生活阶段、性别、收入、职业、教育、家庭大小、宗教、种族
心理细分	个性、生活方式、社会阶层
行为细分	市场反应、追求利益、购买时机、使用者状况、忠诚程度

表3-2　企业市场细分的标准

细分标准	具体因素
人义变量	行业：我们应该把重点放在购买这种产品的哪些行业？ 公司规模：我们应该把重点放在多大规模的公司？ 地区：我们应该把重点放在哪些地区？
经营变量	技术：我们应重点关注哪些顾客重视的技术？ 使用者/非使用者情况：我们应该把重点放在大量、中等、少量使用者身上，还是非使用者身上？ 顾客能力：我们应把重点放在需要很多服务的顾客身上，还是只需要很少服务的顾客身上？

（续上表）

细分标准	具体因素
采购方法	采购职能组织：我们应该把重点放在采购组织高度集中的公司，还是采购组织高度分散的公司？ 权力结构：我们应把重点放在工程主导的公司上，还是财务主导的公司上？ 现有关系的性质：我们应把重点放在与我们有牢固关系的公司上，还是追求最理想的公司？ 总采购政策：我们应把重点放在乐于采用租赁、服务合同，系统采购的公司上，还是放在采用秘密投标等贸易方式的公司上？ 购买标准：我们应把重点放在追求质量的公司、重视服务的公司上，还是注重价格的公司上？
情况因素	订货时间要求：我们是否应把重点放在那些要求迅速和突然交货或提供服务的公司上？ 订货量：我们应把重点放在大宗订货上，还是少量订货上？
个性特征	购销双方的相似点：我们是否应把重点放在那些人员构成与价值观和本公司相似的公司上？ 对待风险的态度：我们应把重点放在敢于冒风险的顾客上，还是放在躲避风险的顾客上？ 忠诚度：我们是否应把重点放在那些对供应商非常忠诚的公司上？

资料来源：Thomas V. Bonoma and Benson P. *Shapiro*，*Segmenting the Industrial Market*，Lewington. MA：Lesington Books，1983

四、市场细分的方法

市场细分的方法很多，有单一因素法、多种因素法和综合因素法。企业可以根据实际需要进行组合，从而合理地细分市场。

（一）单一因素法

单一因素法比较简单易行，即依照一种因素细分市场。

[例] 按收入水平的高低来划分服装市场，可分为高档、中档、低档3种市场；以年龄来划分玩具市场，可把玩具市场划分为婴儿、幼儿、少儿、青年、中年和老年市场。

（二）多种因素法

多种因素法更有效、更切合实际，是依照两至三种因素细分市场。

[例] 对服装市场而言，最主要的因素是性别、年龄和收入，因此可按

性别、年龄、月收入 3 个最主要因素细分服装市场。按性别可分为男性服装和女性服装，按年龄可分为青年服装、中年服装、老年服装，按月收入可分为 1 000 元以下、1 000~3 000 元、3 000 元以上的服装市场。在大城市，销售最旺盛的是月收入 1 000~3 000 元的女青年服装市场。

（三）综合因素法

综合因素法是依照更多因素（一般多于 3 种因素）细分市场。

［例］

年龄	性别	收入	职业	文化程度	婚姻	住地	性格	兴趣爱好
学龄前	男	低	机关工作人员	大学大专	单身	城市	内向	运动
小学生	女	中	企业管理人员	中学中专	结婚	郊县	外向	美术
大中学生		高	专业技术人员	小学	离婚	农村		文艺
青年			工人	文盲	寡居			其他
中年			农民					
老年			离退休人员					
			学生					

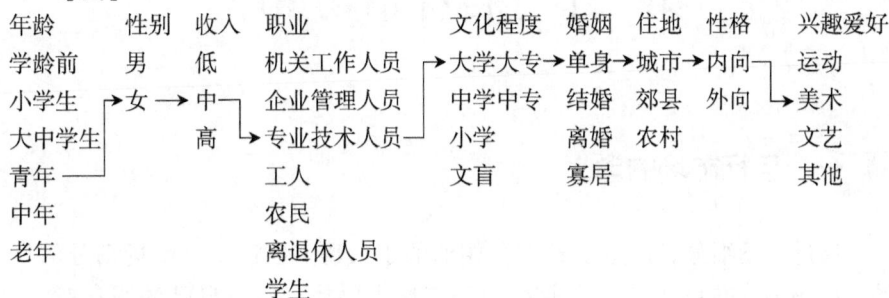

值得注意的是，综合因素法的元素不能过多，如上例按九因素细分，最终使得目标顾客群只占总数的千分之一左右，顾客就太少了。

五、有效的市场细分

并不是所有的细分都是合理有效的，例如根据顾客头发的颜色区分食盐市场就是幼稚可笑的。同样，用九因素法去细分服装市场也并不必要。

要使细分市场有效，必须做到以下几点：

1. 可衡量性

即用来细分市场大小和购买力的特性程度，应该是能够加以测定的。

2. 足量性

即细分市场的规模大到足够获利的程度。设想一下，专为身高 2.10 米以上的人生产服装是否合算？

3. 可接近性

即能有效地达到细分市场并为之服务的程度。

4. 差异性

细分市场在观念上能被区别，并且对不同的营销组合因素和方案有不同的反应。如果在已婚与未婚的妇女中，对香水销售的反应基本相同，那么该细分就不应该继续下去。

5. 行动可能性

即为吸引和服务于细分市场而系统地提出的有效计划的可行程度。

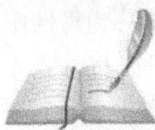

课堂练习

根据一般规律，影响消费者市场需求的变数包括（　　　）。

A. 地理　　　　　B. 人口　　　　　C. 心理　　　　　D. 行为

第二节　目标市场策略

一、目标市场的含义

通过市场细分，产生了若干个相似的小市场，但这不是市场细分的目的。市场细分的目的是让企业在细分市场中寻找、确定自己的服务对象，即寻找、确定企业的目标市场。所谓目标市场，就是指在细分市场的基础上，确定企业经营活动中商品、劳务的消费对象。

［例］SONY 公司开发的新产品"随身听"，就选择了青年、少年儿童作为目标市场。

要点警句

市场细分的目的是为了寻找、确定企业的目标市场。

二、目标市场策略

市场细分以后，企业确定了目标市场，相应的目标市场策略有 3 种：

（一）无差异市场营销策略

无差异市场营销策略是指企业以整个市场（全部细分市场）为目标市场，提供单一的产品，采用单一的营销组合策略。其示意图如下：

市场营销策略组合　——→　整个市场

［例］早期的可口可乐公司只生产 5 美分一瓶的可乐，见图 3 – 8。又如自来水公司向全市居民提供同质的水。采用无差异市场营销策略的好处

是大量生产，成本较低，而且统一的广告能加深人们的印象。但正因为成本低利润高，容易引起竞争者加入，加剧竞争的激烈程度。

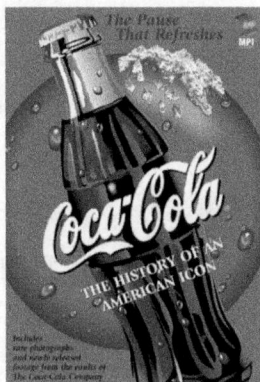

图 3-8　可口可乐瓶装汽水

（二）差异性市场营销策略

差异性市场营销策略是指企业在对市场进行细分的基础上，根据各细分子市场的不同需要，分别设计不同的产品和运用不同的市场营销组合服务于各细分子市场。如下图所示：

市场营销策略组合1 → 细分市场1
市场营销策略组合2 → 细分市场2
市场营销策略组合3 → 细分市场3

［例］可口可乐公司在经营中发现，小孩因为喝不完大瓶可乐，很少购买5美分的可乐。于是公司专门为小孩生产了3美分一瓶的小瓶可乐，从而占领了这一新的细分市场。现在的可口可乐公司更是多品牌、多口味、多包装，占领了更多的细分市场，成为整个世界饮料市场的霸主，见图3-9。

图 3-9　可口可乐公司系列产品

［例］宝洁公司的洗发水也有多个品牌，"海飞丝"专门满足有较多头屑者的需要，"飘柔"专门满足追求头发柔顺者的需要，"沙宣"专门满足头发定型者的需要。

实行差异性市场策略，会使生产成本、存货成本由于商品规格、花色增加而上升，但是由于满足了各个细分市场的需要而增加了销量，总体上还是合算的。大企业如宝洁公司就是采用这种策略，成为洗发水市场的领跑者。

（三）密集性市场营销策略

密集性市场营销策略是指企业集中全部力量于一个或两个对企业最有利的细分子市场，提供能满足这些细分子市场需求的产品，以期在竞争中获取优势。

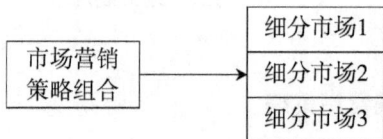

［例］一般工具公司、工具商店经营的多是右手使用的工具。虽然大多数工具左右手通用，例如榔头、旋凿、钳子等，但也有部分工具左撇子就不方便使用，例如镰刀、斧子、木锯、高尔夫球棒等。一个聪明的德国人看到了这一现象，并深入调查，认识到大多数工具左右手可以通用，但有方向性的工具，例如镰刀有左、右手柄，斧子有左、右劈，木锯有正、反齿纹，高尔夫球棒有左、右腕口等，左右手不能通用，而当年西德人口有7 000万，其中11%是左撇子，左撇子们希望能买到称心的左撇子工具。于是，这个德国人开设了左撇子工具公司，专门生产、销售左撇子所需要的工具，让左撇子在该公司能一次买齐各种各样的工具，深受左撇子人群的喜爱。最后这家公司成为第一家也是全世界最大的左撇子工具商店。

实行密集性策略的市场较小，并且同质性较强，因此最适合规模不大的中小企业。这种企业的信条是：与其在大市场占领小份额，不如在小市场中占领大份额。

趣味讨论

选择你最感兴趣的一类商品，说说你会如何进行该商品的目标市场的选择？

课堂练习

顺德皇朝家具公司下设四大类分店：皇家店、贵族店、摩登店、实惠店，其所采用的目标市场策略是（　　　　）。

A. 无差异性市场营销策略

B. 差异性市场策略

C. 密集性市场策略

第三节　市场定位

一、市场定位的含义

企业在市场细分以后确定了自己的目标市场，继而要开展市场定位。所谓市场定位，就是指企业根据所选定的目标市场的竞争状况和自身条件，确定企业和产品在目标市场上的特色、形象和位置的过程。市场定位是企业的主观行为，是否符合客观需求要经过实践考验。企业应经常开展调查研究，分析主观定位和客观印象的差异，经常纠正错误，合理正确地定位。

［例］美国号称"汽车王国"，德国福斯汽车公司为了打入美国市场，先在美国做了大量的市场调查，发现美国的汽车市场主要是由实力雄厚的美国厂商一统天下。美国的汽车用户分为3种类型：一是讲求显示身份地位的；二是注重质量的；三是注重经济实用的。美国的厂商当时主要满足前两类汽车用户的需求，因为他们的汽车购买数量占了美国每年汽车购买总量的90%，也就是约900万辆。虽然第三类用户的购买数量只占美国汽车购买总量的10%，但是10%就约为100万辆。美国的厂商一向只注重满足前两类汽车用户的需求，却忽略了第三类汽车用户。于是福斯汽车公司决定专门针对第三类用户，推出一款金甲虫汽车，在广告宣传时重点突出这款汽车价格低廉、耗油量极低、经济实惠的产品形象，当年就获得了40万辆的销量，成功地打进了美国市场。

要点警句

市场定位就是确定企业和产品在目标市场上的特色、形象和位置的过程。

二、市场定位的程序

（一）确定产品定位的依据

产品定位的依据有很多，如产品的质量好坏、价格高低、技术水平、服务水准、规格大小、功能多少等。

（二）明确目标市场的现有竞争状况

企业要进入的目标市场往往早已有竞争者在经营，因此，产品定位的第二个步骤就是要在调查、分析的基础上，把现有竞争者的情况在定位图上标示出来，以便下一步的定位操作。

（三）确定本企业产品在市场中的位置

了解了现有竞争者的状况后，企业便可以根据竞争状况和本企业的条件来确定本企业产品在市场中的位置，并据此制定相应的市场营销策略。

三、市场定位的策略

（一）避强定位

这是一种避开强有力的竞争对手的市场定位，可以使企业迅速在市场上站稳脚跟，并在消费者当中迅速树立起形象。由于这种定位方式市场风险较小，成功率较高，因而常为多数企业所采用。

［例］彬彬专做男式西服，以全毛料为主，在定位上避开杉杉，以低价为主，适应了大部分工薪阶层的需要，经济效益一度大大提高。彬彬西装就是避强定位的典型。

［例］可口可乐和百事可乐是饮料市场的领导品牌，占有率极高，在消费者心中的地位不可动摇。所以，美国七喜汽水将产品定位于"非可乐型饮料"就避免了与两大巨头的正面竞争。成功的市场定位使七喜在龙争虎斗的饮料市场占据了老三的位置。

（二）迎头定位

这是一种与在市场上占据支配地位的、最强的竞争对手"对着干"的定位方式。迎头定位有时风险很大，但也有很多企业认为这是一种能激励自己奋发向上的、可行的定位方式，一旦成功，就会取得巨大的市场优势。

［例］内蒙古伊利公司要占领北京冷饮市场，必定要正确定位。伊利以价格和口感作为定位的依据，发现竞争对手如和路雪、雀巢冷饮的口感较

好但价格偏贵，于是发挥自己低成本的优势，专门向北京市场提供口感良好、价格较低的冷饮，经过多年的努力，伊利成为北京冷饮市场第一品牌。

（三）重新定位

不少品牌的产品由于客观环境的变化而要求重新定位，主要有以下 3 种类型：

1. 因产品变化而重新定位

由于科技的进步，产品在不断地升级换代，因此相关的企业要为自己的品牌、产品重新定位。

［例］中国不少企业预测 VCD 将被淘汰，而 DVD 是 VCD 的升级产品，进而研发 DVD，定位在更高一级的视盘上，这些企业因重新定位而获得新的发展。

［例］数年前，恒基伟业公司推出 PDA 品牌商务通，并打出"手机、呼机、商务通，一个都不能少"的广告语，使商务通占领了中国过半的 PDA 市场。但是，不过短短两年时间，智能手机大肆流行，在手机功能进步的背景下，变成了"手机、呼机、商务通，一个就足够"。中国 PDA 市场全线萎缩，市场发展陷入停滞。如今，恒基伟业"改头换面"开始进入智能手机市场。

2. 因市场需求变化而重新定位

由于环境变化，市场也相应变化，因此相关的企业要为自己的品牌、产品重新定位。

［例］由于超市、大卖场等业态的发展，服务含量较低的商品纷纷流向大超市、大卖场，大型百货公司重新定位，专门经营服务含量较高的商品，如放弃洗涤用品，增加化妆品等。

图 3-10　雅马哈钢琴

［例］近些年来，全球的钢琴需求一直在下降，雅马哈公司对市场进行了调查研究。调查表明，美国、欧洲和日本的 4 000 万家庭中因为各种原因

绝大多数很少使用购买的钢琴，钢琴从乐器变成了一件家具。针对这种情况，雅马哈的技术部门为这种闲置的钢琴研制出一种附属播放器，这种播放器能够将家庭已有的钢琴转化成一种古老的自动播放式钢琴，它能够播放很多存储在一张磁盘上的曲目。此后，雅马哈公司不断推出多种类型的钢琴附属物，最大程度地使家庭中闲置的钢琴得到重新利用，将家庭钢琴由一件只供孩子练习的工具而用转化为一件高级音乐播放器，从而开创新的需求。通过对钢琴的重新定位，雅马哈延伸了钢琴的使用功能，不仅抑制了钢琴销售额下降的势头，也间接刺激了新的客户购买意愿，一片全新的市场出现了。

趣味讨论

强生婴儿用品市场定位的前后有何变化？

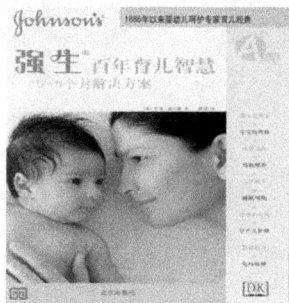

3. 因扩展市场变化而重新定位

企业在发展过程中，规模有了扩大，市场也进一步扩展，因此相关企业要为自己的品牌、产品重新定位。

[例] 国美电器原来只在北京市经营。改革开放后，商业可以跨地区、跨行业发展，国美建立了全国性连锁店，定位于全国家电连锁经营龙头老大的位置，发展越来越快。

课堂练习

雅马哈公司为钢琴研制出附属播放器，将家庭已有的钢琴转化成一种古老的自动播放式钢琴，这是（　　　）

A. 因产品变化而重新定位

B. 因市场需求变化而重新定位

C. 因扩展市场变化而重新定位

本章汇总

一、STP 战略

STP 战略是一个前后相联系的整体，S、T、P 分别是三个英文单词的首个字母，英文含义分别是：S——市场细分（Segmenting）；T——目标市场（Targeting）；P——市场定位（Positioning）。

二、市场细分

（1）市场细分的含义：是企业从消费者需求差异出发划分市场，把一个大市场划分为若干个相似的小市场的过程。

（2）市场细分的意义：有利于发掘最佳市场机会，有利于上市产品适销对路，有利于制定营销策略。

（3）消费者市场划分的标准：地理变数、人口变数、心理变数、行为变数。

（4）市场细分的方法：单一因素法、多种因素法、综合因素法。

（5）有效的市场细分必须做到：可衡量性、足量性、可接近性、差异性、行动可能性。

三、目标市场

（1）目标市场的含义：企业在细分市场的基础上，确定企业经营活动中商品、劳务的消费对象。

（2）目标市场的选择：产品市场集中化、产品专业化、市场专业化、有选择的专业化、全部市场化。

（3）目标市场的策略：无差异市场营销策略、差异性市场营销策略、密集性市场营销策略。

（4）影响因素：企业资源、产品的同质性、产品的生命周期、市场的同质性、竞争对手。

四、市场定位

（1）市场定位的含义：企业根据所选定的目标市场的竞争状况和自身

条件，确定企业和产品在目标市场上的特色、形象和位置的过程。

（2）市场定位的程序：确定产品定位的依据，明确目标市场的现有竞争状况，确定本企业产品在市场中的位置。

（3）市场定位的策略：避强定位、迎头定位、重新定位。

（4）重新定位：因产品变化而重新定位，因市场需求变化而重新定位，因扩展市场变化而重新定位。

课后练习

一、填空题

1. 市场细分是指企业从＿＿＿＿＿＿＿＿出发划分市场，把一个大市场划分成若干个＿＿＿＿＿＿＿的过程。

2. 消费者市场细分的标准有地理变数、＿＿＿＿＿＿＿、心理变数和＿＿＿＿＿＿。

3. 市场细分的方法主要包括单一因素法、＿＿＿＿＿＿＿和综合因素法。

4. 市场细分的目的是＿＿＿＿＿＿＿＿＿＿＿＿。

5. 目标市场是指在市场细分的基础上，确定企业经营活动中商品、劳务的＿＿＿＿＿＿＿。

6. 目标市场策略有无差异市场营销策略、＿＿＿＿＿＿＿和密集性市场营销策略。

7. 所谓市场定位是指企业根据所选定的目标市场的竞争状况和自身条件，确定企业和产品在目标市场上的＿＿＿＿＿＿＿、形象和＿＿＿＿＿＿＿的过程。

二、单选题

1. 将市场划分为城镇市场和农村市场，其划分标志是（　　　）。
A. 人口因素　　B. 行为因素　　C. 地理因素　　D. 心理因素

2. 作为麦当劳的竞争对手，肯德基采用的是（　　　）。
A. 避强定位　　B. 迎头定位　　C. 重新定位　　D. 心理定位

3. 某企业资源有限，实力较弱，难以开拓整个市场，宜采取（　　　）市场营销策略。
A. 无差异　　B. 差异性　　C. 密集性　　D. 综合性

4. 中国的家用电器要想打入美国、西欧市场就要符合美国、西欧的电器标准，这句话说的是市场细分标准上的（　　　）。

A. 地理变数　　B. 人口变数　　C. 心理变数　　D. 行为变数

5. 有一家航空公司发现，80%的机票是20%的老客户购买的，因此开发新客户和稳定老客户就成了成功企业的制胜法宝。这句话说的是行为变数中的（　　）。

A. 市场反应　　B. 追求利益　　C. 购买时机　　D. 使用者状况

6. 在现代社会，"丁克"家族成为一种新时尚，因此，房地产公司就推出面积较小、设计精致、功能齐全、服务到位的小户型，以满足这类人的需求。这是在说心理变数中的（　　）。

A. 个性　　　B. 生活方式　　C. 社会阶层　　D. 忠诚程度

7. 可口可乐公司在经营中发现，小孩因为喝不完大瓶可乐，很少购买5美分的可乐，于是公司专门为小孩生产了3美分一瓶的小瓶可乐，从而占领了这一新的细分市场。该案例使用的是目标市场策略中的（　　）市场营销策略。

A. 无差异　　B. 差异性　　C. 密集性　　D. 综合性

8. 顺德皇朝家具公司下设四大类分店：皇朝店、贵族店、摩登店、实惠店，其所采用的目标市场策略是（　　）。

A. 无差异市场营销策略　　　　B. 差异性市场营销策略
C. 密集性市场营销策略　　　　D. 综合性市场营销策略

9. 日本尼西奇起初是一家生产雨衣、尿布、游泳帽、卫生带等多种橡胶制品的小厂，由于订货不足，面临破产。经过调研，公司决定放弃尿布之外的产品，实行尿布专业化生产，取得了巨大的成功。该案例采用的目标市场策略是（　　）。

A. 无差异市场营销策略　　　　B. 差异性市场营销策略
C. 密集性市场营销策略　　　　D. 综合性市场营销策略

10. 彬彬专做男式西服，以全毛料为主，在定位上避开杉杉，以低价为主，适应了大部分工薪阶层的需要，一度经济效益大大提高。该案例中彬彬西装采用的是市场定位策略中的（　　）。

A. 避强定位　　B. 迎头定位　　C. 重新定位　　D. 自主定位

三、多选题

1. 消费者市场细分的标准有（　　）。
A. 地理　　　B. 人口　　　C. 行为
D. 动机　　　E. 心理

2. 目标市场策略有（　　）。
A. 无差异　　B. 差异性　　C. 密集性
D. 选择性　　E. 独家性

3. 重新定位一般发生在（　　）时期。

A. 产品变化　　B. 个性变化　　C. 市场变化

D. 气候变化　　E. 扩展市场变化

4. STP 战略包括的内容分别是（　　　）。

A. 市场细分　　B. 产品细分　　C. 目标市场

D. 产品定位　　E. 市场定位

5. 消费者市场细分标准中的地理变数，我们还可以将其再细分为（　　　）。

A. 国际国内　　B. 省市地区　　C. 城市农村

D. 地形气候　　E. 交通运输

6. 消费者市场细分标准中的人口变数，我们还可以将其再细分为（　　　）。

A. 年龄　　　　B. 生活阶段　　C. 性别

D. 收入　　　　E. 社会阶层

7. 市场定位策略包括的内容有（　　　）。

A. 避强定位　　B. 迎头定位　　C. 重新定位

D. 自主定位　　E. 参照定位

四、判断题

1. 市场细分的基础是消费者需求的差异性。　　　　　　　　（　　　）

2. 市场细分的实质是通过产品来细分市场。　　　　　　　　（　　　）

3. 市场细分的原因是市场越细越好。　　　　　　　　　　　（　　　）

4. 市场细分就是把一个大市场分成若干个小市场的过程。　　（　　　）

5. 市场细分的目的是寻找、确定企业的目标市场。　　　　　（　　　）

6. 四季如春的昆明市，好多人购买不安装车用空调的小汽车。该案例使用的是市场细分标准中的人口变数。　　　　　　　　　　（　　　）

7. 收入是属于心理变数的。　　　　　　　　　　　　　　　（　　　）

8. 个性是属于行为变数的。　　　　　　　　　　　　　　　（　　　）

9. 生活方式是属于心理变数的。　　　　　　　　　　　　　（　　　）

10. 社会阶层是属于行为变数的。　　　　　　　　　　　　（　　　）

11. 忠诚程度是属于心理变数的。　　　　　　　　　　　　（　　　）

12. 购买时机是属于行为变数的。　　　　　　　　　　　　（　　　）

13. 按照性别、年龄、月收入三个最主要因素细分服装市场，采用的是市场细分方法中的综合因素法。　　　　　　　　　　　　（　　　）

14. 自来水公司向全市居民提供同质的水，这种方式是目标市场策略中的密集性市场营销策略。　　　　　　　　　　　　　　　（　　　）

15. 宝洁公司的洗发水根据消费者的不同需求，推出了"飘柔"、"海飞丝"、"沙宣"等品牌，这种方式是目标市场策略中的差异化市场营销策略。

（　　　）

五、简答题

1. 市场细分的含义是什么？
2. 目标市场的含义是什么？

案例分析

1. 美勒啤酒公司推出一种新产品——"啤酒中的香槟"，吸引了许多不常饮用啤酒的妇女及高收入者。后经市场调查发现，怕发胖的妇女和年纪大的人都觉得罐装啤酒容量太大，一次喝不完。针对这一需求，美勒啤酒公司又开发出小容量罐装啤酒，结果极为成功。

请问：该公司所用的目标市场营销策略是什么？

2. 派克公司最开始经营时主要利用名人来做广告。派克钢笔厂商曾经用罗斯福总统在一文件上签字的照片做广告，广告短语为"总统用的是派克"。美国派克钢笔广告首次与苏联消费者见面，采用的广告形式为名人战略，将整版广告登载在苏联的《莫斯科新闻》报上。广告的标题用大号铅字排出"笔比剑更强"，标题下面刊登了美苏两国首脑里根与戈尔巴乔夫用钢笔签署《苏联和美国消除两国中程和中短程导弹条约》的大幅照片，而且在照片下方附有派克钢笔的说明图。这样的事例不胜枚举，也正是这些广告策略成功地奠定了派克钢笔在消费者心目中的高档产品、甚至是"钢笔之王"的超凡地位。然而，在1982年，派克公司不再把主要精力放在巩固、发展派克笔已有的高档产品市场上，而是热衷于去争夺低档钢笔市场，开始以派克这一品牌去经营每支售价在3美元以下的钢笔。这种做法使得派克作为"金笔之王"的形象和声誉受到了损害，不但没有顺利地打入低档笔市场，反而使高档笔市场的占有率下降到17%，这使得派克遭受了严重的打击。

请问：派克钢笔如果想要重新定位成功，应该怎么办？

3. 西铁城和精工均为日本的名牌表，质量好，价格高，市场也接近。两家生产厂家为了占领市场，提高市场份额，都在改进各自手表的性能，增加手表的功能，如分秒计时、音响报时、超薄型永不磨损等。正当西铁城、精工激烈竞争之时，卡西欧手表厂商发现低档表市场是空白的，无人占领，于是推出质量比西铁城、精工稍差，价格也较低的卡西欧手表，满足了低收入阶层的消费需求。西铁城手表生产厂商发现卡西欧表薄利多销、利润大，于是推出飞佳表，价格与卡西欧一样，但质量更好些。精工表生产厂商也不甘落后，推出名为阿尔马的手表，其质量与飞佳一样，但价格比卡西欧、飞佳又略低一些。通过市场定位，各种品牌的手表根据各自的特色找到了相应的市场位置，从而打开了市场销路。

请用你所学的市场定位知识对此案例进行分析。

第四章　产品策略

[学习目标]

1. 掌握产品、产品整体概念、产品组合及策略、新产品的概念和分类
2. 掌握产品生命周期及各阶段特点和策略、产品品牌和包装策略
3. 熟悉和了解新产品的开发过程以及相关内容
4. 运用产品相关策略原理解决实际问题

[案例导引]

近年来世界钟表市场竞争激烈，有"钟表王国"之称的瑞士面临许多国家的挑战。刻意求新、注重科技和善于经营的瑞士钟表也一再经受住了考验，迄今雄风犹存。坚持科技领先，不断优化产业和产品结构，是瑞士钟表业长期以来保持世界领先地位的诀窍。进入20世纪90年代以来，瑞士钟表业进行了较大规模的调整，加强了行业间的横向联合，强化了生产联合和并购，并将若干小企业合并为大企业，充实企业集团，集中资金、技术和科技力量，加快新产品开发，缩短研制周期。20世纪80年代，瑞士钟表业更新一代产品要耗时6～18个月，如今已缩短到2～8个月。从1992—1996年，瑞士钟表业用于科技产品开发方面的支出平均递增18%，远高于其钟表产品产值增幅。同期，瑞士生产的高档钟表按产量计年均增长12.5%，与此同时常规表的产量逐年下降。注重并善于将高科技成果用于产品开发，使瑞士的名牌手表长期以来成为钟表业无人可以取代的佼佼者。早在80年代，瑞士的高档手表已占据世界市场的80%以上，这些手表均在设计中引入了微电子技术。1987年瑞士推出的科技钟表，一直被许多国家广泛用于科研机关、航天中心、火箭发射场以及军事等部门，该表的准确度达到3000年误差不超过1秒。同时，瑞士钟表业者很快使这种高标准产品平民化、普及化，并派生出适合不同阶层需要的产品。进入90年代，瑞士生产的高档表大部分已实现了电子化。近几年，瑞士每年出口60万块金表，其中80%为电子表。瑞士钟表业的成功，其关键就在于钟表产品的开发。

思考：

（1）企业应如何开发自己的产品？

（2）企业应如何依靠自己的产品去抢占市场？

第一节　产　品

一、产品的含义

从传统观念来看，产品是指具有某种特定物质形态和用途的物体，一般是指有形产品。从现代市场营销学的角度来看，这种对产品的解释是狭义的，不全面、不完整。广义地说，产品是指能够提供给市场、供使用和消费的、可满足消费者某种欲望和需要的一切物品和劳务，其中既包括有形产品，也包括无形产品，这又称为"产品整体概念"。对消费者而言，不只是具有物质实体的有形产品是产品，不具有物质实体的劳务、服务等也是产品，也是消费者购买的对象，即无形产品。对企业而言，其提供的产品不仅仅包括实体本身，更包括了与此产品相关的服务，如运输、安装、修理、咨询等。我们这一章内容中所指的产品皆为广义的产品。

趣味讨论

消费者掏钱购买空调都买到了什么？

二、产品的整体概念

产品的整体可以从 3 个层次来理解，见图 4 - 1。

（一）核心产品

所谓核心产品是指产品为消费者提供的基本效用和利益，即产品的使用价值和效用。它是消费者需求的中心内容，是产品整体概念的最基本、最主要的部分。例如，洗衣机可以提供给消费者洗衣、甩干功能；收音机可以收听音乐或新闻；空调可以制冷、取暖；美容院可以美体、美容等。核心产品往往是无形的，但却是产品的实质。

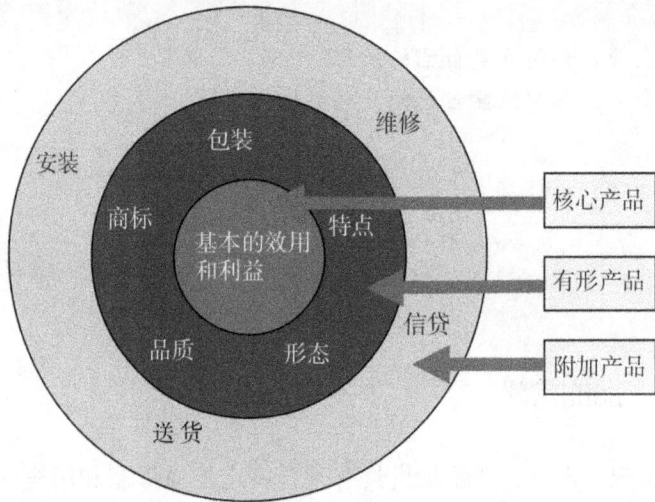

图 4-1 产品整体概念的 3 个层次

（二）形式产品

上面我们说到核心产品是无形的。无形的核心产品是通过什么来展现或是实现的呢？它必须具有一定的形式，这就是形式产品。所谓形式产品是指向市场提供的实体和劳务的外观，也就是核心产品借以实现的形式。具体来说，包括商标、包装、品质、特征、形态。正是这些因素把产品的功能和效用通过具体的形式充分显示出来。而对于消费者而言，除了要求该产品具有某种基本功能外，还会对产品的质量、款式、包装等提出要求。如消费者购买羽绒服时，除了保暖这一基本功能外，必然还要对羽绒服的质量、款式、品牌等因素有所要求和选择。

（三）附加产品

附加产品是指消费者购买产品时所获得的全部附加服务和利益，一般情况下为各种售后服务，包括免费送货、安装、维修、信贷等。现代市场竞争中，不同企业的同类产品在技术上差别不大，即产品的使用价值和效用接近，谁的服务好就有可能赢得市场。因此，附加产品在激烈的市场竞争中成为企业之间竞争的焦点和关键。

产品整体概念的 3 个层次，都是以消费者的需求为标准，由消费者的需求决定的，很清晰地体现了以消费者为中心的现代市场营销观念。这就要求企业要从产品的各个层次上考虑和满足消费者的需求。

［例］无锡小天鹅股份有限公司能在激烈的市场竞争中保持不败，就是着眼于产品整体概念的策划，对构成产品形象的关键因素不断作出重大改进。该公司为了更充分地满足消费者的需要，对洗衣机的核心功能作了重大改进，1995 年与松下公司签订了投资额为 550 万美元的第二期技术合作

合同，联合开发了低噪音、大容量的洗衣机。"小天鹅"发动全体员工给工厂和产品提出72条整改意见，开展了更高层次的质量把关，把国家规定的无故障运行400次的标准，提高到国际上最先进的无故障运行5 000次的标准。此外，他们还开发了多种规格、多种造型的洗衣机，满足各个层次消费者的需要。在注重产品核心、形式的基础上，该公司更重视服务。"小天鹅"在服务上推出了"金奖产品信誉卡"的特色服务，将服务监督权交给用户，把服务公约公布于众，坚持做到"上门服务，随叫随到，如有逾期，甘愿受罚"，并为消费者办理了责任保险。

[例] 早在1968年，台湾有一家专门生产肥皂的公司推出一种柠檬香皂，它不但以柠檬为原料制造，而且在造型上也和真实的柠檬一模一样，完全以柠檬的形状、颜色、香味取胜，一时引起消费者的好奇，刺激了其购买欲。但顾客使用之后发现，它的优点也正是它的缺点：圆滚的皂身，沾水之后不容易握住，而且凹凸不平的表面擦在身上也不舒适。于是，许多顾客在用过一次之后就不再光顾它了。

要点警句

"现在竞争的并非是各公司在工厂中生产的产品，而是看各公司能为其产品增加些什么内容，如产品的包装、服务、广告、咨询、融资、送货、仓储以及人们所重视的其他价值。"

——哈佛大学教授 西奥多·莱维特

趣味讨论

产品整体概念的3个层次中，作为销售人员在推销产品时，最重要的是向消费者推销什么？

课堂练习

消费者购买某种产品时所追求的利益，即顾客真正要购买的东西，是产品整体概念中的（ ）。

A. 形式产品　　B. 附加产品　　C. 核心产品

课后思考

以你身边某一种产品为例，分析其整体概念的3个层次是什么？

第二节　产品组合及策略

一、产品组合

（一）产品组合

在介绍产品组合的概念之前，我们首先要明确两个概念：

（1）产品项目。又称产品品目，是指各种不同规格、价格、样式、包装、质量的特定产品。换句话说，企业在其产品目录上列出的每一个产品，都是一个产品项目。

（2）产品线。由产品项目组成，是指具有相同功能但其规格、型号、档次、款式不尽相同的一组类似的产品项目。

那么，产品组合又是指什么呢？

产品组合是指企业提供给市场的一组产品，它涵盖了企业的全部产品线和产品项目，即是企业生产销售的各种产品品种、规格的组合，见表4－1。

表4－1　某企业产品组合

产品线宽度 →

家用电器	服装	鞋	化妆品	针织品
洗衣机	儿童服装	童鞋	护肤品	内衣
电冰箱	女装	女鞋	香水	床上用品
吸尘器	男装	男鞋	洗发水	
微波炉				

（产品线深度 ↑）

（二）产品组合的因素

1. 产品组合的长度

指企业所有产品线中产品项目的总数，又称产品组合的总深度。在表4－1中，某企业的产品项目总数为15，说明该企业产品组合长度为15。

2. 产品组合的宽度

指企业拥有的全部产品线的数目。一般来说，超市（如好又多、家乐福）经营的产品品种类型多，说明其产品组合宽度大；相反，专业商店如专卖店（服装专卖店、手机专卖店）等，只经营某一类产品，说明其产品组合宽度小。表4－1中，该企业拥有5条产品线，该企业产品组合的宽度为5。企业的产品线数目越多，说明企业产品组合的宽度越大；反之，则越小。见图4－2，该家具生产企业的产品组合宽度为7。

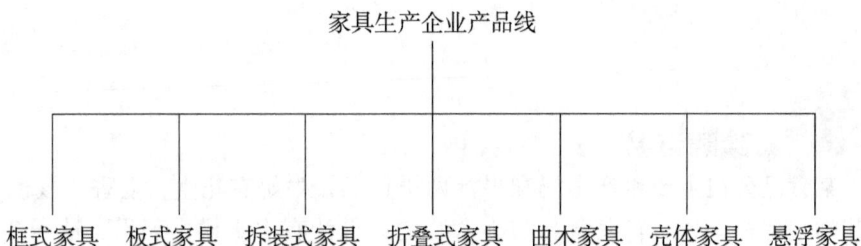

图4－2　家具企业的生产线

将专卖店和超市的产品组合进行比较，如表4－2所示：

表4－2　专卖店和超市的产品组合深度和宽度比较

	宽度	深度
专卖店	小	大
超市	大	小

3. 产品组合的深度

指具体产品线中不同规格、档次、款式的产品数目。专卖店只经营某一类产品，其产品组合宽度小，但是产品的品种、规格比较齐全，因此其产品组合的深度比较大；相反，超市的产品组合宽度较大，但是产品的规格、品种不如专卖店齐全，所以产品组合深度小，见表4－2。表4－1中，家用电器这条产品线的深度为4，服装生产线的深度为3。然而我们这里所说的产品组合的深度是指企业产品组合的平均深度，并非指某一条产品线的深度。如表4－1中，该企业产品组合的平均深度为：15/5＝3。即用产品组合的总深度除以产品线的数目。

$$产品组合平均深度 = \frac{产品组合总深度（产品组合长度）}{产品线数目}$$

4. 产品组合的相容度

也称为产品组合的关联性。指企业的产品组合中，各条产品线之间在最终用途、生产条件和销售渠道选择等方面的相关程度。如表 4 - 1 中,该企业的服装、鞋、针织品生产线的相容度就比较大,在一定程度上可做到资源共享;反之,家用电器这条生产线和该企业的其他生产线相容度则较小,不容易形成资源共享。例如,宝洁公司虽然产品线众多,产品品种、规格繁杂,但是都是日用品系列,其相容度较大;同样,海尔集团虽然产品线也比较多,但产品线之间相容度较大,都与电有关。相反,大型超市中各个品种、各个类型、各个用途的产品都有,产品线多,但是其相互之间的相容度小。

趣味讨论

某食品公司主要生产牛奶和果汁两类饮品,牛奶有花生、麦香、核桃口味的,每种口味又有大盒装和小盒装的;果汁有水蜜桃、苹果、柚子 3 种口味,每种口味又分为大瓶装和小瓶装的,请问该公司产品线的总深度是多少?平均深度又是多少?

二、产品组合策略

产品组合的各个因素与促进企业销售、增加企业利润有十分密切的关系。调整产品组合的各个因素可以形成以下几种产品组合策略。

(一) 扩大产品组合

包括扩大产品组合的宽度,增加产品组合的深度。

(1) 扩大产品组合的宽度。在原来的产品组合中增加产品线,扩大经营范围。

[例] 某企业在家电类产品的基础上生产通信类产品手机,同时也开展海洋生物制药业务。

(2) 增加产品组合的深度。指在原有的产品线内增加新的产品项目。

[例] 某家电生产企业在生产一般电视机的基础上,推出数码电视机;有"中国微波炉之王"美誉的广东格兰仕集团携巨资进入空调市场,首创永不生锈、外观高雅的不锈钢室外机豪华空调,并于 2001 年 5 月上市;松下公司是著名的家用电器生产商,现在正在生产大型集成电路和精密陶瓷;丰田公司不仅生产汽车,还生产预制房屋,经营房地产业务;索尼公司的经营范围也逐渐由电子产品扩展到保险业和体育用品等;吉列公司过去98% 的利润来自剃刀,现积极从事化妆品的开发,开发的重点是冷霜、花露水、香水及理发工具等。以上这些都是扩大产品组合宽度的例子。

（二）缩减产品组合

当市场出现需求缩减、原材料供应紧张、劳动力成本增加等情况时，企业通常会从产品组合中剔除那些获利能力小的产品线和产品项目，以便集中力量经营那些获利能力大的产品线和产品项目。即与扩大产品组合相反，缩减产品的宽度、深度，实行相对集中的经营。

［例］美国通用电气公司在 20 世纪 60 年代，由于对电子计算机和喷气式发动机开展先行投资而出现赤字，该公司在 70 年代被迫采用"战略性计划体系"，把经营资源重点分配给预计会有发展前途的领域，研究开发的重点和设备投资也集中在有希望增长的领域。

（三）产品线延伸

指将产品线拉长，增加所经营的品种的档次和范围，全部或部分改变企业原有产品的市场定位。

1. 向上延伸

即在原有的产品线内增加高档产品。

［例］我国奇瑞汽车公司在推出了 QQ、旗云、风云等中低端轿车后，又开发上市了中高档轿车东方之子，并且向高技术含量的 SUV 发展。

2. 向下延伸

即在高档产品中增加中低档产品。

［例］日本西铁城手表就采用向下延伸策略，手表的档次很多，从几百美元到几美元都有，适应了各层次消费者的需要，扩大了市场销售额。

3. 双向延伸

即原来是中档产品，同时增加高档和低档产品。

产品线延伸策略的优缺点见表 4 - 3。

表 4 - 3 产品线延伸策略优缺点

产品线延伸策略	优点	缺点
向上延伸	可以提高企业整体形象和产品形象	承担较大的风险
向下延伸	消费者比较容易接受 企业可以获得更大的市场份额 成本低，短期内效益明显	有一定的风险
双向延伸	灵活性大 有利于增强企业的市场定位	会增加大量投资，企业应根据实际情况，量力而行

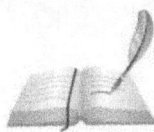

课堂练习

美国宝洁公司有如下产品线：

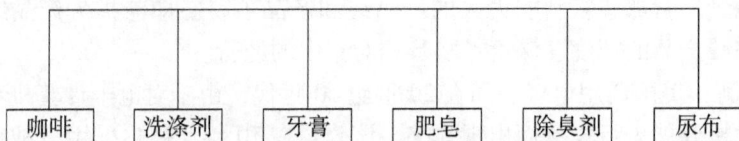

| 咖啡 | 洗涤剂 | 牙膏 | 肥皂 | 除臭剂 | 尿布 |

请问：该公司产品组合的（　　　）为6。

A. 宽度　　　　　B. 长度　　　　　C. 深度　　　　　D. 相关度

课后思考

产品线延伸的3种方式各有什么优缺点？

第三节　产品生命周期及策略

一、产品生命周期

（一）产品生命周期概念

产品生命周期是指一种产品从投入市场到最后退出市场所经历的全过程。正如我们人类的生命要经历婴儿、儿童、少年、青壮年和老年到最后死亡的过程一样，产品生命周期一般分为4个阶段：投入期、成长期、成熟期、衰退期。见图4-3。

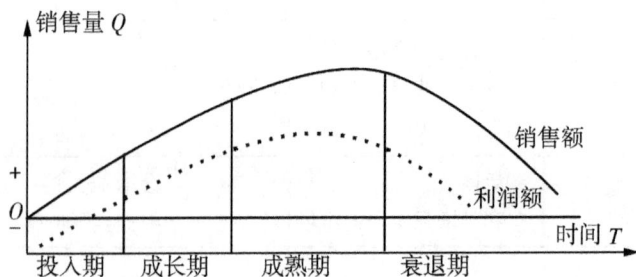

图4-3　产品生命周期曲线图

（二）学习产品生命周期应注意的问题

1. 产品生命周期与人类生命周期不同

产品生命周期虽然可以形象地以人类的生命周期来比喻，但两者之间却有本质的区别。人类的生命周期从出生到死亡是有规律的，而且有生存时间的限制，但是产品生命周期在时间上却没有规律。有些产品可能很快就走完了整个生命过程；而有些产品的生存时间是很长的，如尼龙、可口可乐等。

2. 产品生命周期与产品使用寿命不同

可口可乐的生命周期很长，那是不是就意味着一瓶可口可乐能够喝上上百年？这里要注意的是，产品的使用寿命是指产品的自然寿命或物质寿命。如一瓶可口可乐喝完了，那么它的使用寿命就结束了；而产品的生命周期则是指产品在市场上存在的时间。如可口可乐于 1886 年面市，至今为止在市场上经历了 120 多年的时间，而且还有巨大的市场潜力和生命力，由此可见可口可乐的生命周期很长。

3. 产品的生命周期是针对某个具体产品而言的，并非针对某条产品线

对产品线而言，人们往往无法预见其生命周期，它可能无限地延长下去，如香烟、酒、电视机。而作为某一种具体品牌的香烟、酒、电视机，则在竞争中不断地被新品牌的香烟、酒、电视机所代替而结束产品生命周期。如黑白电视机在经历了投入期、成长期、成熟期之后，被彩色电视机替代而进入衰退期，最终被市场淘汰。所以，对具体某个、某种品牌的产品而言，通常会更强烈显示出产品生命周期的特征。

（三）产品生命周期的形态

典型的产品生命周期曲线是呈 S 型的，但是并非所有的产品生命周期曲线都呈 S 型。实践中，产品的生命周期曲线是多种多样的。有些产品上市后就迅速成长，没有经过投入期的缓慢增长；有些产品持续缓慢增长，由投入期直接进入成熟期；还有些产品进入市场后，立即热销、被抢购，又迅速退出市场等。比较常见的产品生命周期曲线类型有：

1. "循环—再循环"型

这种产品生命周期曲线表示产品刚上市时，企业大力促销，使产品销售出现第一个高峰，然后销量迅速下降；而后，企业再行促销，产品销售量出现第二个高峰，见图 4 - 4。

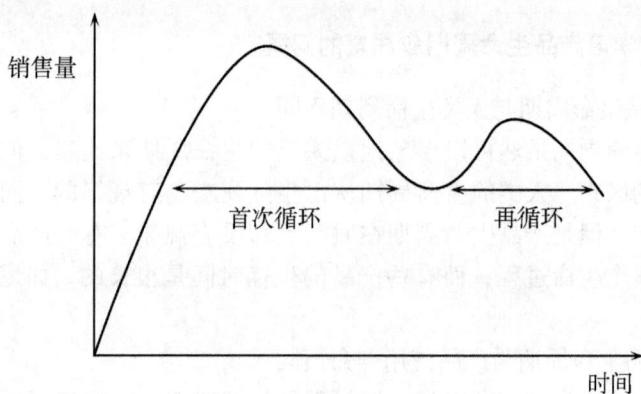

图 4 - 4　"循环—再循环"型

2. "成长—衰退—成熟"型

这种产品生命周期曲线表示产品投放市场以后，开始时增长快，后来下降，最终还是以平稳趋势上升，而且保持良好的势头，见图 4 - 5。

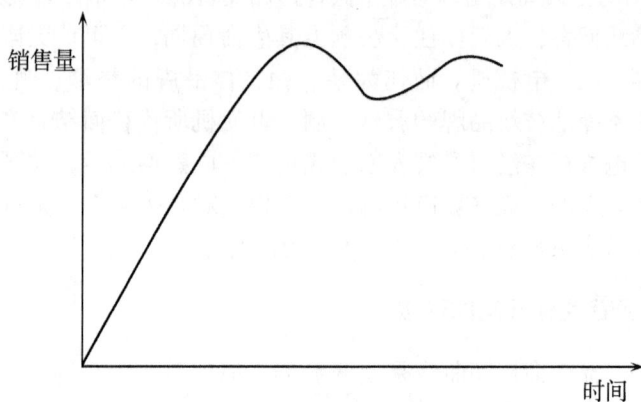

图 4 - 5　"成长—衰退—成熟"型

3. "扇贝"型

"扇贝"型的生命周期曲线也称为"多次循环型"，其显著特点是不断延伸再延伸。这往往是由于不断创新产品的功能和不断开拓新市场而形成的良性循环，见图 4 - 6。

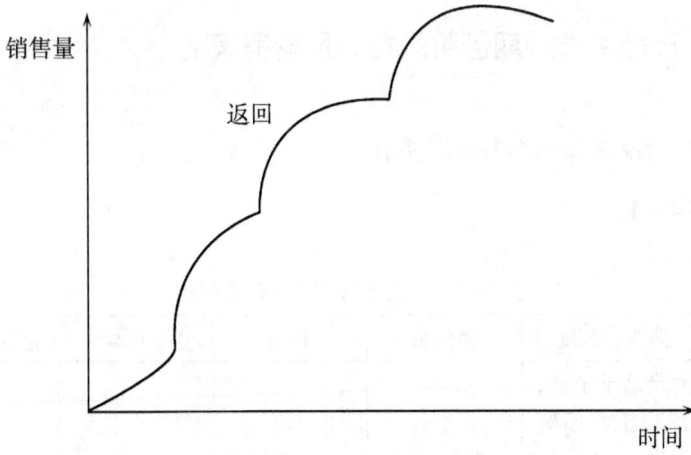

图4-6 "扇贝"型

4. "早夭"型

这种产品生命周期曲线又被称为"流行"型，表示产品一上市即热销，然后又很快被市场淘汰，见图4-7。

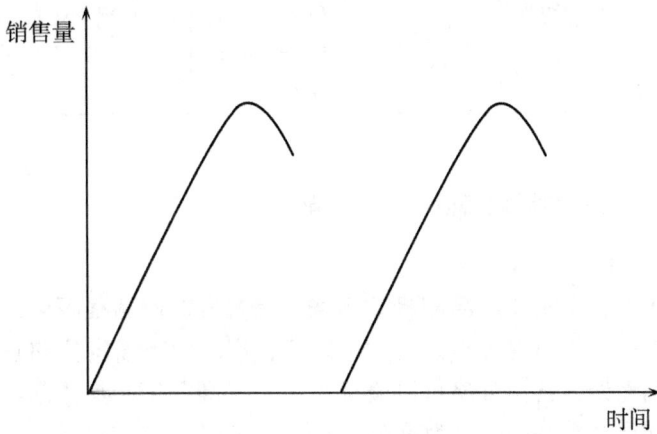

图4-7 "早夭"型

 **趣味讨论**

人类有生命，那产品有没有生命呢？

二、产品生命周期各阶段特点及营销策略

（一）产品生命周期各阶段特点

见表4-4。

表4-4　产品生命周期各阶段特点

阶段	消费者态度	销售量	利润	单位成本	竞争者数目
投入期	对产品不了解，持观望、怀疑态度	小	低	高	少
成长期	接受产品	迅速上升，销售量增长速度最快	开始上升，有丰厚的利润机会	逐渐降低	逐渐增多，竞争加剧
成熟期	被绝大多数潜在购买者接受	达到顶峰后，出现负增长	升至最高后，有下降的趋势	降至最低点又有上升趋势	市场饱和，竞争激烈
衰退期	对产品热情降低，兴趣开始转移	销售量急剧下降	利润下降，甚至出现亏损	因销量小，成本明显上升	竞争者数量大大减少

（二）产品生命周期各阶段营销策略

1. 投入期

在投入期，由于新产品刚投放市场，消费者对产品很陌生，销售量增长缓慢，企业容易出现亏损。在这个阶段，产品的市场定位和营销组合策略都要准确无误，营销策略可以概括为一个"准"字。具体来说，企业通常以价格和促销策略的配合为重点，采用以下策略，见图4-8。

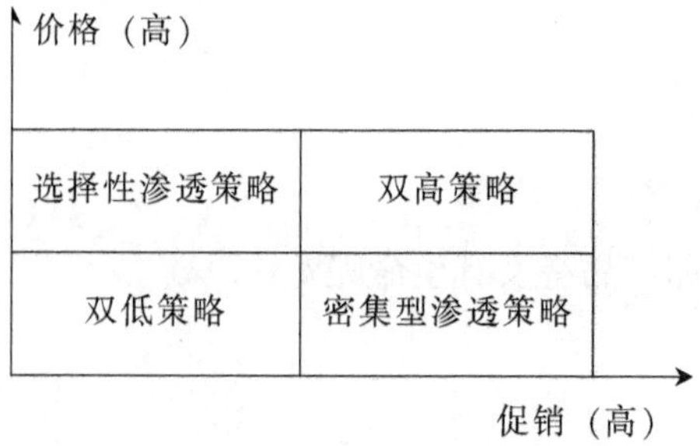

价格（高）

选择性渗透策略	双高策略
双低策略	密集型渗透策略

促销（高）

图4-8　投入期市场

（1）双高策略。

即高价格、高促销策略。企业把产品价格定得很高，同时配以大量促销费用，进行广告宣传等活动，以产生"优质优价"的感觉，迅速提高产品知名度，打开销售局面。

（2）选择性渗透策略。

即以高价格、低促销费用推出新产品。企业往往是以较少的广告宣传费用获得较多的利润。当产品市场比较小、竞争不激烈、市场上的大多数消费者对产品比较信任时适用这种策略。

（3）密集型渗透策略。

即低价格、高促销策略。以低价格、高促销费用推出新产品，可以迅速占领市场，随着销售量的扩大，单位成本降低，获得规模效益。在市场大、潜在顾客多、竞争激烈、顾客对价格很敏感的情况下适用这种策略。

（4）双低策略。

即低价格、低促销策略。企业以低价和少量促销费用推出新产品。低价可以扩大销售量，少量促销可以降低成本。这种策略适宜在市场容量大、竞争激烈、产品知名度较高、价格弹性较大的情况下采用。

趣味讨论

人类第一次登上月球之后，圆珠笔的创始人利用当时美国人的民族自信心膨胀的消费心理，将圆珠笔取名为"太空笔"，以高促销形式渲染，并以高于成本数十倍的价格出售，而在其他竞争对手进入之前就功成身退，把在这项产品中的所得投资于其他产品，业绩斐然。你认为该产品采取了哪种策略？

2. 成长期

进入成长期后，产品已被消费者接受和认可，销售量稳步上升，利润也随着销售量的增加而增加。对企业而言，成长期是最稳定的赢利时期。因此，企业应该优化营销策略，核心是尽可能延长产品的成长期，保持较快的增长率和市场占有率。此时的营销策略简单地概括为"优"，具体来说，有以下策略：

（1）改进产品的质量、性能、样式、包装等，加强市场竞争力。

（2）加强促销力度和范围，树立产品形象。促销的重点为劝说顾客购买产品。

（3）适当削价，以吸引更多的消费者并抑制竞争。

（4）细分市场，拓展新市场，积极开发新的营销渠道。

3. 成熟期

产品在成熟期，利润飙至最高点，销售量也达到最大，但不可忽视的是，销售量虽然达到最大但是有下滑的趋势，单位产品成本亦有增加的危险。这时，企业应设法维持现有的市场地位。基于成熟期市场的特征，企业可采取以下策略，可用"改"字来概括。具体来说有：

（1）改良市场。

即从广度和深度上进一步开辟新市场，寻求新用户。进行市场改良，可以通过细分市场、重新定位产品吸引新顾客来实现。

[例] 美国杜邦公司生产的尼龙产品，最初只用于军用市场。二次世界大战后，产品由军用市场转入民用市场，杜邦公司开始生产医疗用纱布、窗纱、蚊帐等日用消费品，后又继续扩展到轮胎、地毯等市场，使尼龙产品系列进入多循环周期。美国强生公司在推出儿童润肤露之后，发现很多成年人也喜欢使用儿童润肤露，便将润肤露等儿童系列产品重新定位。其著名的广告词"使你拥有婴儿一般的皮肤"成功地吸引了成人顾客。

（2）改良产品。

即进行产品革新，使产品多样化、差异化。

[例] 人们了解海尔是从冰箱和空调开始的。到现在海尔产品已包括冰箱、冷柜、空调、洗衣机、彩电、电脑和手机等69个大门类10 800多个品种，成为拥有白色家电、黑色家电和米色家电的中国家电第一品牌。在冰箱上，海尔相继推出了"海尔—小王子"、"海尔—双王子"、"海尔—大王子"、"海尔—帅王子"、"海尔—金王子"等型号；在空调上，海尔先后推出了"海尔—小超人"变频空调、"海尔—小状元"健康空调、"海尔—小英才"窗机等型号；在洗衣机上，海尔推出了"海尔—神童"、"海尔—小小神童"、"海尔—即时洗"等型号。海尔还推出了"海尔—探路者"彩电、"海尔—小海象"热水器、"海尔—小公主"暖风机、"海尔—水晶公主"空气清新机、"海尔—小梦露"美容加湿器等产品。产品的多样化、差异化使海尔家电产品保持了长久、富有活力的生命周期。

（3）改良营销组合。

指通过改变价格、销售渠道等营销组合因素来扩大销售量，延长产品的成熟期。如老牌轿车"夏利"通过降低价格，目前依然在经济型轿车市场上占有较大的市场份额。

4. 衰退期

大多数的产品最终都会进入衰退期，出现销售量和利润下降的现象。面对这种情况，企业应审时度势，转移资金，转变产品，退出竞争。企业可采取的营销策略可用"转"字来概括，具体来说有：

（1）集中策略。

即缩减产品组合，把资源集中在最有利的细分市场、最有效的销售渠道和最易销售的品种款式上，尽可能地获得更多的利润。

（2）放弃策略。

对企业而言，衰退较快的产品已经无法为企业带来利益，应及时有计

划地减少或停止对其固定成本的投入，做好善后工作，放弃产品，退出市场，将企业资源转向新产品开发。如唐山自行车总厂在其生产的"燕山牌"加重自行车在各城市滞销后，采取撤出城市、转战农村的策略，为产品重新找到了出路。

　　[例] 1985年4月23日，可口可乐董事长作出了一项重大的决定。在经历了99年的风风雨雨之后，为了适应消费者对甜味更加偏好的变化，可口可乐公司决定放弃原来的配方，推出一种名为"新可口可乐"的产品。这项决定有其深刻的背景。面对20世纪70年代以来百事可乐公司的咄咄逼人的竞争，可口可乐公司一直踌躇不前，其市场地位相对百事可乐日渐缩小。更使可口可乐感到烦恼和灰心的是，它的广告支出费用比百事可乐多数十亿美元。它拥有2倍于百事可乐的自动售货机、更多的货架以及更具竞争力的价格，却仍然失去了自己的市场份额。因此，公司开始将注意力转移到调查研究产品本身的问题上来。调查资料表明，味道是导致可口可乐衰落的重要因素，也许原来的配方该被淘汰了。所以公司开发了新口味可乐，并通过无标记测试证实新口味的可口可乐胜过了百事可乐。公司高层管理反复考虑后一致同意改变可口可乐的味道，并把旧的可口可乐淘汰掉。然而，人们却纷纷指责可口可乐作为美国的象征和一个老朋友，突然之间背叛了他们。在公众的压力下，公司最终还是在"传统可口可乐"的商标下，恢复老可乐的生产，同时公司保留新口味的可乐，并称之为"新可口可乐"。

课堂练习

　　产品在＿＿＿＿＿＿期，销售量增长速度最快；在＿＿＿＿＿＿期，销售量和利润达到最高。

第四节　新产品开发

一、新产品的概念及分类

　　并非所有产品的生命周期都可以无限地延长下去，相反，大多数产品的生命周期都十分短暂。在竞争激烈的市场中，不断地有产品被市场淘汰，各式各样的新产品亦层出不穷。那么，什么是新产品？新产品是指在某个市场上首次出现的或是企业首次向市场提供的，能满足某种消费需求的产品。产品整体概念中的任何一部分有所创新或改进，与原有产品产生差异，并能够给消费者带来新的利益，都属于新产品。新产品一般可分为以下5类：

（一）全新产品

全新产品是指市场上从来没有出现过的，应用新技术、新材料研制出来的产品。例如，20世纪30年代的尼龙、原子笔，20世纪60年代的计算机，20世纪90年代的DVD等，都是新产品。全新产品的研究和开发需要企业投入大量的人力、物力和财力，且产品从上市到被消费者接受需要一定的时间，风险较大，因此对一般的企业而言，推出这种新产品比较困难。

（二）换代产品

换代产品是指在原有产品的基础上，部分采用新技术、新材料制成的性能显著提高的产品。例如，计算机从8086、80286、80386到"奔四"，再到现在的"双核"等；电视机从最初的黑白电视机发展到彩色电视机，再到现在的液晶、背投电视机，都属于换代产品。

（三）改进产品

改进产品也可称为改良产品，是指对原产品的材料、质量、结构、款式、包装等方面加以全面或局部改良之后生产出来的产品。例如，普通牙膏加入药物或其他物料后制成不同功能的牙膏；普通酒加入药物制成药酒、加入人参制成人参酒等。这些新产品与原有产品差别不大，容易被消费者接受，市场上各式各样的新产品大部分属于这种类型。

（四）仿制新产品

仿制新产品是指企业仿制国内外市场上已有的产品，并以自己的品牌命名推向市场的产品。这种产品往往已经发展到成熟期，生产技术已公开，有能力的企业都可生产，企业之间竞争很激烈。因此，生产仿制新产品的企业不仅要保证新产品的质量，提供优惠的价格，更要完善售后服务，提高竞争力和扩大竞争优势。

（五）地域新产品

地域新产品是指某些产品在其他地域已有但本地未有，为了满足本地的市场需求而推出的新产品。

趣味讨论

手机公司在原来的基础上新增了MP4的功能，并换上了新设计的包装，售价有所提高。这是不是新产品？为什么？对企业而言，应如何延长

产品的生命周期来获取更大利润？

二、新产品开发的风险

（一）开发难度大，开发成本高

随着社会经济的发展，生活水平的提高，消费者的需求日趋多样化，增加了新产品开发的难度。同时，开发新产品的技术要求越来越高，开发过程越来越复杂，需要企业投入大量的人力和财力，增加了新产品开发的成本。

（二）市场竞争激烈

无论企业研发哪一种新产品，都将会面临激烈的竞争。产品一旦进入成熟期，追随者和模仿者会不断出现，抢占市场份额，竞争出现白热化，各个企业的获利空间减小。特别是对于技术已经完全公开的仿制新产品而言，竞争更为激烈。

（三）开发新产品失败率高，且产品生命周期短

新产品的构思中只有少部分能够获得成功，出现失败是不可避免的现象。新产品开发的失败率高达 70% ~ 80%。新产品上市后，往往会在较短的时间内被竞争者模仿和跟随，产品很快进入成熟期和衰退期，产品生命周期较短。

三、新产品开发的方法

（一）独立研制

指企业利用自己的技术力量和技术优势，独立完成产品的构思、设计和生产工作。这种方式一般适用于技术力量雄厚的大型企业，能够使企业在激烈的市场竞争中取得优势，甚至获得领先地位。

（二）技术引进

指企业通过引进、转让先进技术或者购买专利等方式来进行新产品的研发。这种方式可以帮助企业节约时间和物力，迅速缩短与竞争者之间的技术差距，获得经济效益。

（三）联合开发

指企业之间或企业与独立的研发机构可以相互协作、联合开发新产品。这种方式可以促进优势互补，资源共享，有利于迅速提高企业的技术水平。

[例] 中国信息产业商会数字化产业联盟（简称 3C 联盟）是由各研究院所和计算机、信息服务、通信、网络、家电、微电子及软件企业联合起来成立的，目的是提高国内信息应用产品的研发能力。该联盟按照不同的产品将硬件、软件等相关厂商联合起来，组成不同的开发群体，互利互助，研究开发更高质量、更可靠的新产品。

[例] 日产汽车公司是日本的第二大汽车公司，日产最早的汽车名叫达特桑，只有货车。1952 年日产从英国奥斯汀引进 A40 小客车制造技术，开始了技术引进和吸收的艰难创业。20 世纪 60 年代，日产汽车公司已经消化吸收了英国技术，设计出了自己的达特桑小汽车并进入美国市场。整个 60 年代，日产全身心投入产品质量和新技术开发之中，不仅获得权威的"戴明质量奖"，而且在海外建立了第一家分厂——墨西哥分厂，此时日产汽车产品已经达到相当高的技术水平。20 世纪 70 年代，日产汽车大量涌入美国市场，日产汽车公司进入飞速发展期，并在 70 年代和 80 年代初成为世界十大汽车公司之一。

[例] 美国宝洁公司每年投入巨资用于新产品的研发，旗下有 8 300 多名科学家，平均每年申请专利 20 000 多项，雄厚的资金投入和强大的研发能力使得宝洁公司在世界日用品企业中始终处于领先水平，稳坐市场领导者的位置。

四、新产品开发的过程

（一）构思创意

要开发新产品，首先要寻求新产品的设想和构思。这种设想就是创意。对企业而言，更多的产品创意可以为开发新产品提供更多的机会。因此，企业都非常重视产品创意的构思和开发。产品创意主要来源于消费者、与消费者接触密切的群体（中间商、销售人员等）以及科研机构、专家甚至是竞争对手等。

（二）筛选创意

并非所有的产品创意最终都能够形成新产品。企业在获得足够的创意后要对创意进行评估和筛选，选择可行性较强的创意，进行进一步的研究和开发，避免造成企业资源的浪费。

（三）市场分析

市场分析指对即将研发的新产品进行市场分析，关键分析产品的获利能力。企业研发的不仅仅是产品，更重要的是市场。市场的需求状况、竞争对手的能力、替代品出现的可能等，都会影响到即将研发的新产品的获利能力。

（四）研制产品

新产品经过缜密的市场分析之后，由研究开发部门或技术工艺部门进行产品实体的试制，对产品模型或样品进行严格的功能试验以及消费者实验。所谓功能试验是指测试新产品的性能、安全性、可靠性等是否达标；消费者实验即请消费者使用，并了解消费者的意见和建议。

（五）产品试销

产品试销是指企业选取最典型的市场，投放产品，有计划有目的地测试消费者对新产品及其销售方式的反应。试销的目的是为了了解新产品的市场前景，为制定下一步的营销策略提供依据。产品试销是产品研发过程中的重要环节。

（六）产品上市

产品试销成功后，企业便可开始大规模生产，将新产品全面推向市场。这是新产品研发的最后一个阶段。企业必须做好充分准备，集中一切资源，制定有效的营销策略，把握适当时机成功推出新产品。

新产品开发过程见图4-9。

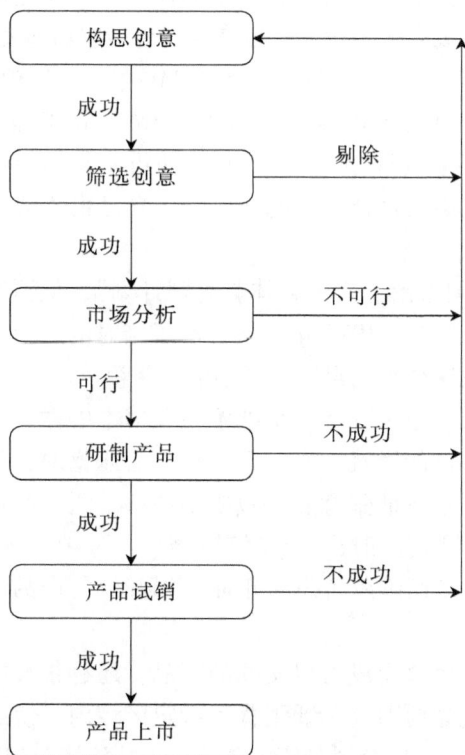

图4-9　新产品开发过程

[例] 3M 公司，全称明尼苏达矿务及制造业公司，素以勇于创新、产品繁多著称于世。在其近百年的历史中，开发出 6 万多种高品质产品，涉及的领域包括工业、化工、电子、电气、通信、交通、汽车、航空、医疗、安全、建筑、文教办公、商业及家庭消费品。现代社会中，有 50% 的人每天直接或间接地接触到 3M 公司的产品。

3M 公司在市场上有 6 万多种产品，每年推出 200 多种新产品，公司年销售额的 30% 来自于近 4 年内开发的新产品。新产品不是轻易得来的，主要得益于公司努力建立的支持发明的企业文化和工作环境。1995 年，公司投资 10 亿美元用于新产品开发，相当于年销售额的 7.3%。

3M 公司的"15%"法则是非常著名的，即每个人可以用 15% 的工作时间，根据自己的兴趣去搞发明，不管这种发明是否对公司有利，是否能产生直接的效益。一旦一个有希望的新产品创意形成了，公司立即组织一个攻关小组去跟进。这个小组负责开发新产品，不受公司领导的干扰，直到开发成功或彻底失败时，工作才算结束，然后回到他们原来的工作岗位上。公司每年把"金进展奖"颁发给攻关小组，得奖的标准是新开发的产品每年能在美国赢利 200 万美元以上，或是 4 年内在世界市场上能实现 400 万美元的销售额。

3M 公司知道，必须实验很多设计思想，才能找到一个有价值的发明。该公司把新产品开发中不高明或者失败的设计，看作是创新工作中的一部分。有一些当时不太高明的设计，后来却成为最成功的发明。"即时贴"便条就是这样一个产品。"即时贴"便条是 3M 公司于 1980 年推出的新产品，它的研发创意可以追溯到 1964 年，当时任 3M 公司工程人员的西维尔被分配参与"聚合体黏着剂计划"。1965 年，西维尔在实验中意外地创造出一种有黏性但又不太黏的聚合物，就连西维尔自己也不清楚这种东西有什么用途。

不久，3M 公司撤销了"聚合体黏着剂计划"，但西维尔自己继续研究这种黏剂达五六年之久。1973 年，他打动了当时的一位高级营销主管尼科尔森，开始为研发这种黏剂组织专家小组。弗赖伊就在这时候被召了进来。弗赖伊是位化学家，他一直有用小纸条夹在书本中做记号的习惯，却不时遇到纸条滑落或移位的困扰。有一天他在翻看乐谱时，忽然想到，何不将西维尔发明的黏剂涂在纸张背后，做成小便条，便条黏在书上后便不会脱落或移位；今后不用记注时，只要轻轻一撕，不会在书本上留下任何痕迹。这一番联想，解决了西维尔苦思多年而不得其解的产品用途问题，形成了新产品的初步概念。

可是要把这些概念变成可以卖钱的产品，还有很长的路要走。首先碰到的难题是如何把黏剂固定在纸张背后特定区域内，使之不随便流动也不沾染其他东西。好在 3M 公司是家大公司，人才济济，问题一提出，立刻就有同事发明了涂在纸上的薄膜，可以用来固定黏剂。接着，弗赖伊召集了

一群设计师、机械工程师和技术工人，花了 2 年时间设计制造出一系列专用机器，以便在黄纸上涂底膜，打上黏剂，再将黄纸切割成各种形式的便条。

"即时贴"便条制作出来以后，根据 3M 公司的规定，立即在公司内部使用。使用过的办公室秘书和文职人员反应都非常好。于是又安排在弗吉尼亚州的里士满等 4 大城市试销。但是该项目移交到营销部门后，却引起相当大的质疑：谁会有兴趣花 1 美元买一本便条纸？于是试销做得有气无力，结果当然是全军覆没，市场调查报告更直接指责这项产品没有市场。好在尼科尔森不信邪，他亲自赶到试销点挨家挨户推销产品，甚至站在市中心发送、请人试用。由于这位高级营销主管亲自出马，总算让公司的决策者得到了正确的信息——这种产品光凭海报或广告促销的作用不大，必须派送给消费者试用。消费者一旦用过后就会上瘾，用过的人约有九成会反复购买使用。就这样，市场打开了，扭转了"即时黏"的命运，也让 3M 公司保住了一个畅销的产品，年营业额由此增加了上亿美元。

课堂练习

洗衣机从机械机发展到全自动洗衣机，这属于（　　　）。

A. 全新产品　　B. 换代新产品　　C. 改进新产品

D. 仿制新产品　　E. 地域新产品

第五节　品牌策略

一、品牌的含义

（一）品牌的含义

品牌是商品的商业名称和标志的统称，通常是由文字、数字、图形、符号、标记、颜色以及这些要素的组合构成。其作为某个企业或企业产品的标志，使之与竞争对手区别开来。品牌有丰富的含义，一般包括 2 个方面：

1. 品牌名称

简称品名，是指品牌中能用语言表达的部分，如长虹、海尔、可口可乐、雪碧等都是著名的品名。需要注意的是，品牌名称有时和企业名称一致，但有时也不一致。如海尔集团的产品都冠以"海尔"的名称；而宝洁公司的产品则根据产品类型不同分别有不同的品牌（如飘柔、海飞丝等），产品并非冠以"宝洁"的名称。

2. 品牌标志

简称品标，是指品牌中可以识别但却无法用语言表达的部分，通常由图案、符号、颜色或是三维图形构成。如图4-10，分别是耐克公司与麦当劳公司的品牌标志。

图4-10　耐克公司与麦当劳公司的品牌标志

（二）品牌与商标

商标是受到法律保护的整个品牌或品牌中的某一部分。品牌或品牌的一部分经过必要的法律注册程序后，就成为受法律保护的"商标"。换句话说，商标就是受法律保护的品牌或品牌的某一部分，而品牌未必都是商标。经注册登记的商标均标有"R"标记或"注册商标"字样。一个品牌或品牌的一部分必须经过注册登记后才能成为商标。两者的目的一样，都是为了区别商品来源，便于消费者识别商品，以利竞争。

（三）品牌的种类

1. 中文或中文拼音品牌

即以中文标识的品牌名称。我国大部分企业都采用中文品牌。

［例］科龙、海尔、长虹、玉兰油、潘婷等，都是中文品牌。企业的中文品牌大多和拼音是相匹配的，如"Haier"、"Changhong"。

2. 外文品牌

外文品牌多为外国企业或跨国公司使用，在国内只有少数企业使用英文品牌。

［例］联想的英文品牌为"Lenovo"，还有索尼的为"Sony"，诺基亚的为"Nokia"，菲利浦的为"Philips"等。

3. 数字品牌

即用数字表示的品牌。

［例］"502"胶水，"555"香烟，"999"胃泰等，都是数字品牌。

4. 人名品牌

指以人的姓名或姓名的一部分命名的品牌。

［例］"耐克"、"李宁"、"张小泉"等，都是人名品牌。

5. 地名品牌

即用地名命名的品牌。

［例］"青岛啤酒"、"宁夏红"、"北京烤鸭"、"大良蹦砂"、"兰州拉面"等，都是地名品牌。

6. 动植物品牌

即用动植物命名的品牌。

［例］"大白兔"、"金丝猴"、"佰草集"等，都是动植物品牌。

7. 企业名称品牌

即用企业名称命名的品牌。

［例］"松下电器"、"长虹彩电"、"海尔冰箱"等，都是企业名称品牌。

8. 译音品牌

即由外文名称翻译过来的品牌。

［例］"诺基亚"是由"Nokia"译过来的，"奔驰"是由"Benz"直译的。

二、品牌策略

（一）无品牌策略

虽然现在很多企业都致力于树立品牌，经营品牌，但并不意味着所有商品都一定有品牌。一些难以统一质量标准的产品，或者日常生活中经常接触使用、无需专门知识即能辨别其真假、优劣的商品，如零星小商品、农副业产品、鲜活商品等都可采取无品牌策略。企业由于无需经营品牌而节省了一定的费用，使这些商品成本较低，价格低廉，反而十分畅销。但是，不可否认的是，品牌化已成为商品市场发展的趋势，并能够给产品和企业带来巨大的商业利益，因此实行无品牌策略的商品越来越少，一些如食盐、大米、水果、蔬菜等的初级产品现在也逐渐朝着品牌化的方向发展。

（二）制造商品牌策略

制造商品牌策略是指制造商通过自行创立或收购等方式获得品牌。在我国，制造商品牌占主导地位。许多实力雄厚、享有盛誉的制造商都致力于建立并保持自己的品牌，追求品牌带来的超越产品本身的附加利益，如科龙、海尔、娃哈哈、农夫山泉等都属于制造商品牌。制造商除了自行设计、经营品牌外，还可以通过收购的方式来获得品牌。

［例］如乐百氏商标原属广州乐百氏所有，1992年10月，以中山乐百氏公司为核心的今日集团成立并买回了当年在广州乐百氏公司的投资。

1993 年 3 月，今日集团全面收购广州乐百氏实业有限公司。1996 年 8 月，今日集团购买了乐百氏、ROBUST 的商标，使今日集团真正拥有了乐百氏品牌。

（三）中间商品牌策略

所谓中间商品牌策略是指中间商自行设计、开发、使用自己的商标，对产品自行注册并在本企业销售的品牌，又称"自有品牌决策"，是相对制造商品牌而言的一个概念。

［例］中间商品牌决策自 1892 年英国玛尔科公司首次运用后，在西方发达国家逐渐普及推广开来。其中最著名的莫过于英国的马狮百货集团。该公司所有的商品都使用公司自己的品牌——"圣米高"牌，被称为世界上最大的"没有工厂的制造商"。美国著名的西尔斯·罗巴克百货公司 90% 的商品用的是自有品牌，其经营的"工匠"工具、"顽强"电池、"肯莫尔"器具等在市场的知名度和销售额方面丝毫不逊于制造商的同类品牌。

（四）联合品牌策略

也称混合品牌策略。这种品牌策略可以由制造商采用，也可为中间商采用。对制造商而言，这种决策被广泛采用。

［例］联合品牌决策指企业既经销自己品牌的产品，同时又接受著名品牌的制造商企业的委托加工，实行贴牌生产，简称 OEM（Original Equipment Manufacturer）。如小天鹅集团帮通用电气贴牌生产滚筒洗衣机，拿到国际市场上去销售，很快就打开了市场。格兰仕通过贴牌生产开始创业，通过贴牌生产走向海外市场，逐步成为"全球最大的微波炉制造中心"。格兰仕是世界最大的微波炉生产商，在它每年生产的 1 500 万台微波炉中，仅有 600 万台以"格兰仕"品牌面市，其余六成的产品会被贴上众多世界知名的微波炉品牌。格兰仕只是中国家电行业 OEM 热的代表之一，近年来，中国的家电行业的 OEM 热潮一直不减，越来越多的世界著名家电厂商将生产转移到中国，从 GE 到 LG，从松下到东芝，从西门子到伊莱克斯，从飞利浦到惠而浦……当今世界几乎所有的家电名牌都有在中国生产的产品。它们或通过与中方合资生产，或由中国厂家贴牌生产（OEM），使中国正在成为全球家电生产的"大车间"。

对中间商而言，联合品牌决策的采用则更为广泛。一些大型的零售商如家乐福、屈臣氏、沃尔玛等不可能全部经营自有品牌的商品，因而采取联合品牌决策；而在经营其他各企业品牌商品时，它们则尽量扩大自主品牌商品的市场。

（五）统分品牌策略

1. 统一品牌

即企业生产经营的所有产品都采用同一个品牌进入市场。

［例］日本东芝家用电器公司的全部产品均采用"TOSHIBA"这一商标，佳能公司生产的所有产品都使用"CANON"这一商标，美国通用电器公司的所有产品都使用"GE"作为品牌名称，海尔集团的所有产品全部标有"海尔"商标。

统一品牌的优点有：

（1）可以节约品牌设计、传播等费用；

（2）可以利用商标已取得的声誉顺利推出新产品；

（3）有助于塑造企业形象，显示企业实力。

缺点有：

（1）如果某一种产品出现质量问题，就会影响全部产品和整个品牌的声誉；

（2）各种产品容易混淆，难以区分产品质量档次；

（3）统一品牌的使用要符合消费者对该品牌形成的既定形象。

［例］如果佳洁士推出低档牙膏、派克推出廉价钢笔、奔驰公司生产低价格轿车，就有可能破坏品牌在消费者心目中的形象。

2. 个别品牌

即企业为其每一种产品分别使用不同的品牌名称。如上海联合利华公司为其牙膏产品推出洁诺品牌；香皂产品推出力士品牌；护肤霜产品推出旁氏品牌；洗发露产品推出夏士莲品牌；冰淇淋产品推出和路雪品牌。

个别品牌的优点有：

（1）企业不会因为某一品牌信誉下降而承担较大风险；

（2）为每一种新产品寻求各自的市场定位，有利于新产品的推广；

（3）可以发展多种产品线和产品项目，开拓更广泛的市场；

（4）满足消费者的不同需求。

缺点有：

（1）加大了企业费用，增加了管理的困难；

（2）品牌过于繁多，不利于企业创立品牌，使企业在竞争中处于不利地位。

3. 多品牌

即企业在同一类产品中使用不同的品牌。

［例］瑞士的制表集团 SMH 旗下有欧米茄、雷达、浪琴、斯沃琪、天梭等多个品牌；中国五粮液酒厂生产的白酒有五粮液、五粮醇、五粮春等不同品牌；德国大众在中国市场销售的轿车有桑塔纳、捷达、宝来、帕萨特、奥迪、高尔夫等品牌；宝洁公司生产的洗发露有海飞丝、飘柔、潘婷

等多种品牌，洗衣粉有汰渍、碧浪等品牌。

多品牌的优点有：

（1）可以突出各种产品的特性；

（2）有利于企业分散风险；

（3）迎合消费者的不同需求偏好，给消费者较大的选择余地。

缺点有：

（1）促销费用高；

（2）不利于企业树立整体形象；

（3）自身内部产品存在竞争。

4. 分类品牌

即企业对不同的产品线采用不同的品牌。

［例］科龙集团生产的冰箱以容声作为品牌，生产的空调则以科龙作为品牌；娃哈哈集团生产的纯净水用娃哈哈品牌，碳酸饮料则用非常可乐品牌。

分类品牌最大的优点是可以把具有明显差异的产品区别开来，以免互相混淆，造成误解。其余优缺点与统一品牌和个别品牌相似。

5. 品牌延伸

即企业尽量利用已成功品牌的影响推出新产品。如海尔集团在推出海尔冰箱之后，又利用这个品牌及其图样特征，成功地推出了洗衣机、电视机等新产品，显然，如果不利用"海尔"这个成功的品牌，这些新产品就不一定能很快地进入市场。利用品牌延伸可以为企业节省促销费用，使消费者迅速识别并接受新产品。

6. 企业名称与品牌并用

即企业对不同产品分别使用不同的品牌，而且在每一种产品的品牌名称前面都冠以企业名称。

［例］"海尔—双王子"冰箱，"海尔—即时洗"洗衣机，"海尔—小海象"热水器，"海尔—探路者"电视机，"海尔—小松鼠"电烫斗；"美的—智灵星"，"美的—冷静星"，"美的—超静星"，"美的—健康星"等，都属于企业名称与品牌并用。

这种品牌决策的优点是既有利于企业节省广告促销费用，又可以使各产品保持自己的特点，便于消费者识别。缺点是比较烦琐，影响各品牌的效果。

品牌策略是企业立足市场的一种十分重要的手段。企业通常综合应用几种品牌决策，取长补短，优势互补。

三、品牌设计原则

品牌不仅是产品的标志，它还蕴含着丰富的文化内涵，体现着产品的

核心利益和企业的形象价值。正因为如此，很多企业才不遗余力地去设计、经营品牌。

［例］美国埃克森标准石油公司，动用了心理学、语言学、社会学、统计学等各方面的专家，调查了世界 55 个国家的语言，走访了 7 000 多人，对普通群众的心理、情感等进行了详细的调查研究，查阅了 1.5 万个电话指南，通过计算机制作了约 1 万个名称再仔细筛选，最后花费了 6 年的时间和 10 亿美元的代价，确定了埃克森（Exxon）这个品牌。

一般情况下，企业要设计出良好的品牌，应遵循以下几个原则：

（1）易于识别、发音、记忆，简洁明快。

［例］很多企业的品牌名称都朗朗上口，如娃哈哈、步步高等。

（2）显示产品特色。

［例］汽车的品牌名称有奔驰、宝马，酒类的品牌名称有五粮液等。

（3）标志图案大方鲜明，简洁而富有内涵。

优美而具有艺术色彩的图标更能够得到消费者的青睐和喜爱，从而使消费者对产品产生好感，促进购买欲望。

（4）符合当地文化传统和风俗习惯。

特别是出口产品的品牌设计，更要考虑到当地人民的风俗习惯、文化特征等。

（5）符合法律规定。

品牌给企业所创造的价值是不可估量的，因而品牌的合法化越来越受到企业的重视。只有合法的品牌才能向有关部门申请商标专用权，获得法律保护，才能保证品牌给企业带来的利益。

［例］我国联想集团的品牌标志 Lenovo 家喻户晓。但是最初公司成立时其品牌标志并非 Lenovo，而是 Legend。在联想公司将 Legend 更改为 Lenovo 之前，Legend 的品牌价值已经高达 400 亿元。但联想集团在拓展国外市场时发现，Legend 这个品牌名称在国外已经被至少十几家公司注册，如果继续使用 Legend 作为自己的品牌标志，那么联想的国际化策略将会受到阻碍。正因为如此，出于法律保护的考虑，联想集团忍痛割爱，放弃 Legend 这个高价值的品牌名称，而重新更改名称为 Lenovo。

课堂练习

格兰仕每年生产的 1 500 万台微波炉中，仅有 600 万台以"格兰仕"品牌面世，其余六成的产品会被贴上众多世界知名的微波炉品牌。格兰仕采用的品牌策略是（　　）。

A. 统一品牌策略　　　　　　B. 中间商品牌策略

C. 联合品牌策略　　　　　　D. 统分品牌策略

课后思考

谈谈你喜欢的一个品牌，并说明它的成功之处。

第六节 包装策略

一、包装的含义及分类

[例] 世界上最大的化学品公司杜邦公司经过市场调查发现，63%的消费者是根据商品的包装进行购买决策的。而在我国国内的调查发现，随意走进商场的消费者在浏览商品时，目光平均在每件商品上只停留不足0.5秒的时间，而53%的购买行为冲动却是在浏览时产生的。要使商品在这么短的时间内吸引住顾客，毋庸置疑，商品的包装起着非常重要的作用。

包装是产品实体的一部分。所谓包装通常是指产品外面的容器或包装物及装潢设计。包装可以保护商品，便于产品使用和存放，更为重要的是可以向消费者提供商品信息，促进消费者的购买欲望。商品的包装按照形态不同可以分为3类，见图4-11。

第一，内包装。即商品的直接包装。

[例] 饮料瓶子、牙膏皮等属于内包装。

第二，中层包装。指保护内包装的包装物。

[例] 保护牙膏皮的盒子是中层包装。

第三，外层包装。也称储运包装，即产品贮存、运输和识别所用的包装。

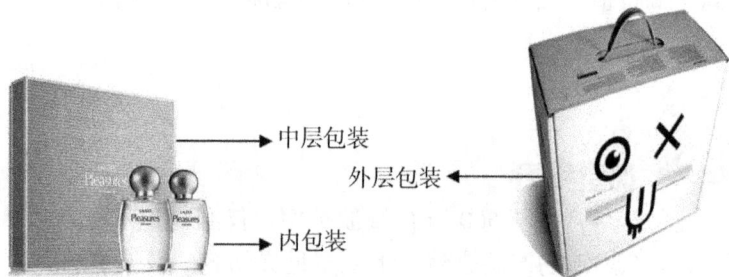

图4-11 商品的内、中、外包装

二、包装的作用

人靠衣装马靠鞍。消费者在选购商品时首先是从外部观察入手的。商品的包装会直接影响商品的使用价值和销售情况，也会直接影响到消费者的购买欲望。具体而言，商品的包装具有以下作用：

（一）保护商品

试想一下，如果啤酒、牛奶以及零食等商品没有包装，将会出现什么情况？显然，这些商品的质量都不能保证，啤酒会慢慢蒸发，牛奶则会因长时间置于空气中而腐败变质，饼干长期置于空气中也会变质。由此可见，商品的包装对商品起着很重要的保护作用，可以保证商品的质量和使用价值。可以说，包装是商品"沉默的守护神"。

（二）促进销售

刚才已经提及，在琳琅满目的货架上，能够吸引消费者眼球、激发消费者购买欲望的无非是商品的包装。一方面，企业通过改进包装的外观、色彩等，可以更好地传达有关商品的质量、性能等方面的信息，还会增加商品的附加价值，提高商品给企业带来的利润。

［例］我国最早出现果冻生产厂家是在 1985 年，而广东喜之郎集团有限公司（以下简称"喜之郎公司"）直到 1993 年才开始进入果冻生产行业，比整个行业晚了整整 8 年。然而 1999 年央视调查咨询中心"全国城市消费者调查"的结果显示，喜之郎公司已经占领了我国果冻市场 83% 的市场份额。是什么让喜之郎公司在短短的 6 年时间内就迅速成长为国内果冻企业的老大呢？除了产品本身的质量以外，是喜之郎的创意包装和独特的营销战略。1996 年，喜之郎公司在市场上已经小有名气了，但是仍然是地方性的小品牌，市场份额有限。1997 年喜之郎公司为了扩大自身的发展，委托广东平成广告公司对自己的产品进行重新定位和包装。1998 年，喜之郎的新型产品"水晶之恋"系列正式上市，并迅速得到了市场的认可。在消费定位上，"水晶之恋"系列产品缩小目标市场，聚焦于年轻情侣。但果冻与"水晶之恋"原本是两个意义完全不同的符号，为了建立消费者的认知，平成公司为"水晶之恋"创造性地设计了"爱的造型"与"爱的语言"，将果冻的造型由传统的小碗样式改造为心形，封盖上两个漫画人物相拥而望，更为这种心形果冻平添了几分魅力，迅速得到了市场的认可。"水晶之恋"的推出，使喜之郎公司在短短的一年时间内从一个地方性品牌一下子跃升为行业第二大品牌。除了"水晶之恋"系列产品，喜之郎公司还突破传统的行业做法，逆向定位，扩大产品消费群体，将果冻原有的儿童食品的定位转换成大众休闲食品，极大地扩大了消费群体。

本章汇总

一、产品和产品整体概念

产品是指具有某种特定物质形态和用途的物体。产品的整体可以从 3 个层次来理解：核心产品、形式产品、附加产品。

二、产品组合及策略

（一）产品组合相关概念

产品组合是指企业提供给市场的一组产品，它涵盖了企业全部产品线和产品项目，即是企业生产销售的各种产品品种、规格的组合。

产品组合的长度指企业所有产品线中产品项目的总数，又称产品组合的总深度。

产品组合的宽度指企业拥有的全部产品线的数目。

产品组合的深度指具体产品线中不同规格、档次、款式的产品数目。

产品组合的相容度也称为产品组合的关联性，指企业的产品组合中，各条产品线之间在最终用途、生产条件和销售渠道选择等方面的相关程度。

（二）产品组合策略

第一，扩大产品组合；

第二，缩减产品组合；

第三，延伸产品线。

三、产品生命周期

（一）产品生命周期概念

产品生命周期是指一种产品从投入市场到最后退出市场所经历的全过程。

（二）学习产品生命周期应注意的问题

第一，产品生命周期与人类生命周期不同；

第二，产品生命周期与产品使用寿命不同；

第三，产品生命周期是针对某个具体产品而言的，并非针对某条产品线。

（三）产品生命周期的形态

典型的产品生命周期曲线是呈 S 型的，但是并非所有的产品生命周期曲线都呈 S 型。实践中，产品的生命周期曲线是多种多样的，常见的有"循环—再循环"型、"成长—衰退—成熟"型、"扇贝"型、"早夭"型等。

（四）产品生命周期各阶段特点及营销策略

1. 投入期

消费者对产品不了解，持观望、怀疑态度；单位产品成本高，销售量小，利润低；竞争者数目少。在这个阶段，产品的市场定位和营销组合策略都要准确无误，营销策略可概括为一个"准"字。可以采取 4 种策略：双高策略、选择性渗透策略、密集型渗透策略、双低策略。

2. 成长期

产品进入成长期，产品已被消费者接受认可，销售量稳步上升，利润也随着销售量的增加而增加。营销策略简单地概括为"优"，具体来说，有如下策略：

（1）改进产品的质量、性能、样式、包装等，加强市场竞争力；

（2）加强促销力度和范围，树立产品形象，促销的重点为劝说顾客购买产品；

（3）适当削价，以吸引更多的消费者和抑制竞争；

（4）细分市场，拓展新市场以及积极开发新的营销渠道。

3. 成熟期

产品在成熟期，利润达到最高点，销售量也达到最大值。不可忽视的是，销售量虽然达到最大但是有下滑的趋势，单位成本亦有增加的危险。企业应设法维持现有的市场地位。基于成熟期市场的特征，企业可采取以下策略，可用"改"字来概括：

（1）改良市场；

（2）改良产品；

（3）改良营销组合。

4. 衰退期

大多数的产品最终都会进入衰退期，出现销售量和利润下降的现象。面对这种情况，企业应审时度势，转移资金，转变产品，退出竞争。企业可采取的营销策略可概括为"转"字：

（1）集中策略；

（2）放弃策略。

四、新产品开发

（一）新产品的概念及分类

新产品是指在某个市场上首次出现的或是企业首次向市场提供的，能满足某种消费需求的产品，可分为全新产品、换代产品、改进产品、仿制新产品、地域新产品等。

（二）新产品开发的风险

开发难度大，开发成本高；市场竞争激烈；开发新产品失败率高，且产品生命周期短。

（三）新产品开发的方法

独立研制，技术引进，联合开发。

（四）新产品开发的过程

构思创意，筛选创意，市场分析，研制产品，产品试销，产品上市。

五、品牌策略

（一）品牌的含义

品牌是商品的商业名称和标志的统称，一般包括两个方面：品牌名称、品牌标志。

（二）品牌与商标

商标是受到法律保护的品牌或品牌中的某一部分，而品牌未必是商标。

（三）品牌的种类

有中文或中文拼音品牌、外文品牌、数字品牌、人名品牌、地名品牌、动植物品牌、企业名称品牌、译音品牌等。

（四）品牌策略

（1）无品牌决策；
（2）制造商品牌决策；
（3）中间商品牌决策；

（4）联合品牌决策；

（5）统分品牌决策，包括统一品牌、个别品牌、多品牌、分类品牌、品牌延伸、企业名称与品牌并用等。

（五）品牌设计原则

（1）易于识别、发音、记忆，简洁明快；

（2）显示产品特色；

（3）标志图案大方鲜明，简洁而富有内涵；

（4）符合当地文化传统和风俗习惯；

（5）符合法律规定。

六、包装策略

（一）包装的含义及分类

所谓包装，通常是指产品外面的容器或包装物及装潢设计。商品包装按照形态不同可以分为3类：内包装、中层包装、外层包装。

（二）包装的作用

保护商品，促进销售，便于使用、携带、运输、储藏，绿色包装保护环境。

课后练习

一、填空题

1. 产品整体概念可以分解为3个层次：_____、_____、_____。

2. 产品生命周期一般分为_____、成长期、_____和衰退期。

3. 产品生命周期营销策略可以分为用"_____"、"_____"、"改"、"转"四个字来概括。

4. 商品包装按照形态不同可以分为_____、外层包装和_____3种。

5. 在投入期，结合价格和促销企业可采用双高策略、_____、密集性渗透策略、_____。

6. 产品在_____期，销售量增长速度最快；在_____期，销售量和利润达到最高。

7. 企业在产品的成熟期可采用_____、改良产品和改良营销组合策略来延长成熟期。

8. 彩色电视机对于黑白电视机而言，属于_____新产品。

二、单选题

1. 消费者购买某种产品时所追求的利益、即顾客真正要购买的东西，是产品整体概念中的（　　）。

A. 形式产品　　B. 附加产品　　C. 核心产品

2. 在市场上通常表现为产品质量水平、外观特色、式样、包装等，属于产品整体概念中的（　　）。

A. 形式产品　　B. 核心产品　　C. 附加产品

3. 从产品的整体概念来看，核心产品是指产品的（　　）。

A. 基本功能　　B. 质量　　C. 商标　　D. 售前和售后服务

4. 讲求产品深度而不讲求产品宽度的商店是（　　）。

A. 嘉业超市　　B. 国美电器　　C. 李宁专卖店　　D. 杂货店

5. 既讲产品组合深度，又讲产品组合宽度的商店是（　　）。

A. 嘉业超市　　　　　　B. 陈登职校小卖部

C. 李宁专卖店　　　　　D. 杂货店

6. 某公司增加了产品的规格，这是改变了公司产品的（　　）。

A. 宽度　　B. 长度　　C. 深度　　D. 相关度

7. 美国宝洁公司有如下产品线

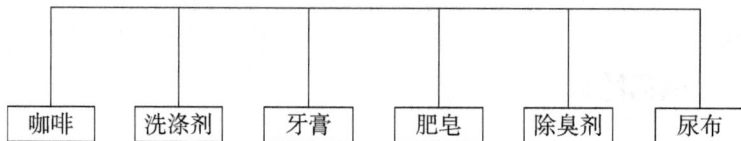

| 咖啡 | 洗涤剂 | 牙膏 | 肥皂 | 除臭剂 | 尿布 |

请问：该公司产品组合的（　　）为6。

A. 宽度　　B. 长度　　C. 深度　　D. 相关度

8. 新发明创造的产品叫作（　　）新产品。

A. 全新　　B. 换代　　C. 改进　　D. 仿制

E. 地域

9. 对老产品的性能、结构功能加以改进，使其与老产品有较显著区别，属于（　　）。

A. 全新产品　　B. 换代新产品　　C. 改进新产品

D. 仿制新产品　　E. 地域新产品

10. 从机械洗衣机发展到全自动洗衣机，这属于（　　）。

A. 全新产品　　B. 换代新产品　　C. 改进新产品

D. 仿制新产品　　E. 地域新产品

11. 某家电企业生产4种电冰箱产品，8种洗衣机产品，5种空调产品，

那么这家企业的产品线有（　　　）。

    A. 1 条　　　　　B. 3 条　　　　　C. 8 条　　　　　D. 17 条

12. 广东顺德的美的集团，全部产品采用"美的 media"商标，这属于（　　　）。

    A. 统一品牌策略　　　　　　　　B. 多品牌策略

    C. 个别品牌策略　　　　　　　　D. 分类品牌策略

13. 德国大众在中国市场销售的轿车有桑塔纳、捷达、宝来、帕萨特、奥迪、高尔夫等品牌，该公司采用了哪种品牌策略？（　　　）

    A. 统一品牌策略　　　　　　　　B. 多品牌策略

    C. 个别品牌策略　　　　　　　　D. 分类品牌策略

14. 科龙集团生产的冰箱以"容声"作为品牌，生产的空调则以"科龙"作为品牌。娃哈哈集团的纯净水用"娃哈哈"作为品牌，碳酸饮料用"非常可乐"作为品牌。以上公司采用了哪种品牌策略？（　　　）

    A. 统一品牌策略　　　　　　　　B. 多品牌策略

    C. 分类品牌策略　　　　　　　　D. 品牌延伸策略

15. 海尔集团在成功地推出海尔冰箱之后，又利用这个品牌及其图样特征，成功地推出了洗衣机、电视机等新产品。该公司采用了（　　　）。

    A. 统一品牌策略　　　　　　　　B. 多品牌策略

    C. 分类品牌策略　　　　　　　　D. 品牌延伸策略

16. 上海联合利华公司推出的牙膏以洁诺作为品牌，推出的香皂以力士为品牌，护肤霜以旁氏为品牌，洗发露以夏士莲为品牌，冰淇淋以和路雪为品牌，该公司采用了（　　　）。

    A. 个别品牌策略　　　　　　　　B. 多品牌策略

    C. 分类品牌策略　　　　　　　　D. 品牌延伸策略

17. 属于附加产品的有（　　　）。

    A. 产品基本效用B. 质量　　　C. 包装　　　　D. 售后服务

18. 保护牙膏皮的盒子是商品包装中的（　　　）。

    A. 内包装　　　B. 中层包装　　　C. 外层包装　　　D. 核心包装

19. 当产品处于（　　　）时，市场竞争最为激烈。

    A. 成长期　　　B. 投入期　　　C. 成熟期　　　D. 衰退期

20. 产品组合的宽度是指企业所经营的（　　　）的多少。

    A. 产品线　　　B. 产品项目　　　C. 产品牌号　　　D. 产品品种

21. 一个产品从进入市场到退出市场的全过程是（　　　）。

    A. 家庭寿命周期　　　　　　　　B. 产品市场寿命周期

    C. 产品自然寿命周期　　　　　　D. 产品技术寿命周期

22. 产品的品牌属于产品整体概念中的（　　　）层次。

    A. 产品核心　　　B. 形式产品　　　C. 附加产品　　　D. 潜在产品

23. 新发明创造的产品叫作（　　　）。

A. 全新产品　　 B. 换代新产品　 C. 改进新产品　 D. 地域性新产品

24.

家用电器	服装	鞋	化妆品	针织品
洗衣机	男装	运动鞋	护肤品	内衣
电冰箱		休闲鞋	香水	
微波炉			洗发水	

根据上图内容，该企业产品组合的平均深度是：（　　）

A. 1　　　　　　 B. 2　　　　　　 C. 3　　　　　　 D. 4

三、多选题

1. 产品的整体概念分为 3 个层次，他们是（　　）。

A. 核心产品　 B. 形式产品　　 C. 劳动产品　　 D. 附加产品

2. 下列（　　）属于形式产品。

A. 使用价值　 B. 造型　　　　 C. 款式　　　　 D. 售后服务

3. 产品组合包括四个因素（　　）。

A. 宽度　　　 B. 产品项目　　 C. 深度

D. 关联度　　 E. 长度

4. 下列属于成熟期的特点是（　　）。

A. 消费者对产品不熟悉，广告促销费较高

B. 销售额迅速增长

C. 市场需求趋向饱和，销售量和利润达到最高点

D. 竞争最为激烈

5. 新产品的构思可以来自于（　　）。

A. 顾客　　　 B. 竞争对手　　 C. 科学家　　　 D. 推销员

6. 就消费者来说，按照消费者接受新产品的快慢程度，可以把新产品的采用者分为五种类型（　　）

A. 领先者　　 B. 早期采用者　 C. 中期采用者

D. 晚期采用者　 E. 滞后者

7. 企业在经营中决定使用自己的品牌，这种品牌策略包括（　　）。

A. 企业自行设计品牌　　　　 B. 外来品牌

C. 中间商品牌　　　　　　　 D. 其他生产者品牌

8. 品牌策略包括（　　）决策。

A. 无品牌　　 B. 制造商品牌　 C. 中间商品牌

D. 联合品牌　 E. 统分品牌

9. 投入期市场的特点是（　　）。

A. 产品销售量大　　　　　　 B. 促销费用高

C. 竞争者少　　　　　　　　 D. 成本高

10. 企业在调整产品组合时，根据实际情况不同，可以选择（　　）策略。

    A. 扩大产品组合策略　　　　　B. 缩减产品组合策略

    C. 产品线延伸　　　　　　　　D. 产品线转换

四、判断题

1. 产品整体概念的核心层包括了功能、质量、效用等。（　　）

2. 新产品就是我们从未见到过的产品。（　　）

3. 商品的市场寿命周期和商品的使用寿命是同一回事（　　）

4. 产品组合的宽度是指企业产品线的数量。（　　）

5. 个别品牌策略是指企业对不同的产品线采用不同的品牌。（　　）

6. 品牌名称是品牌中可以被识别但不能用语言表达的部分。（　　）

7. 新产品概念是指采用新技术、新材料、新工艺、运用新原理制造的以前未有的产品，是科学技术应用于生产而得的结果。（　　）

8. 在实践中，一些产品的生命周期可以无限地延长下去。（　　）

9. 产品线是由若干个产品项目组成。（　　）

10. 缩减产品组合是指缩减产品的宽度、深度，实行相对集中的经营。（　　）

11. 某企业产品项目总数是 15，那么其产品组合长度就也是 15。（　　）

12. 具体产品线中不同规格、档次、款式的产品数目被称为产品组合的宽度。（　　）

13. 某企业在家电类产品的基础上生产通信类产品手机，同时也开展海洋生物制药业务。这是产品组合策略中的扩大产品组合。（　　）

14. 向上延伸的产品线延伸策略，其优点是灵活性大，有利于增强企业的市场定位。（　　）

15. 产品生命周期中成长期的销售量增长速度最快。（　　）

16. 产品生命周期中衰退期的单位成本最低。（　　）

17. 产品生命周期中成熟期的营销策略可用"准"字概括（　　）

18. 产品生命周期的衰退期营销策略可用"优"字概括。（　　）

19. 在普通酒里加入药物制成的药酒是新产品中的换代产品。（　　）

20. 联想集团为了拓展海外市场放弃原有品牌 Legend，采用 Lenovo 作为新品牌，主要是为了规避 Legend 在海外市场已被注册的问题。这遵循了品牌设计原则中的"符合当地文化传统和风俗习惯"。（　　）

五、简答题

1. 以你身边的某一种产品为例，分析其整体概念的 3 个层次分别是什么？

2. 产品的生命周期分成哪几个阶段？

3. 请列举出 1 家实施个别品牌策略的企业（内容包括个别品牌策略的含义和该企业如何实施个别品牌策略）。

案例分析

健力宝品牌自 1984 年创办以来，就一直与体育、运动、全民健身、中国人走向世界、国家繁荣富强等联系在一起。提起健力宝这个品牌，不少中国人都对它有着很深的感情，认为这是中国人自己的知名品牌，而且其有着很长一段时间的辉煌。但是，在潮流和时尚不断变换的今天，健力宝渐渐被遗忘了，在两乐（可口可乐、百事可乐简称两乐）文化的影响下，很多年轻人根本就不知道健力宝曾经被称为"中国魔水"，昔日辉煌的健力宝节节败退，慢慢从一线城市里被挤了出来，仅在二、三线城市和农村固守有限的尊严。关心健力宝的人们无不叹息：健力宝怎么了？健力宝的衰落原因不是一两句话就可以解释清楚的，其中有企业内部管理问题，更有品牌老化的问题。健力宝又重返市场。2002 年 5 月，健力宝集团推出了"第五季"等果汁饮料，之后又力邀日本当红明星滨崎步做品牌的形象代言人，领导多品种产品上市，这些产品包括果汁、茶、水和 VC 碳酸饮料 4 大系列 30 多种产品。

从此案例中我们可以得到什么启示？

第五章 定价策略

[学习目标]

1. 通过对战略定价理论的系统理性思考，深刻理解定价战略在市场营销战略中的重要地位

2. 了解影响产品定价的因素、企业定价的目标以及产品定价的一般过程

3. 掌握为企业产品制定适宜价格的方法、策略与技巧，针对企业不同产品的具体情况制定相应的价格，为今后在营销实践中进行有效定价奠定基础

[案例导引]

日本雅马哈摩托车 V - MAX 的成功定价

日本雅马哈公司的新产品暂定名为 V - MAX（图 5 - 1），其市场反馈表明，V - MAX 的设计看起来很有气势，而且有市场上马力最大的发动机，能给人们留下深刻的印象。使其具有气势是雅马哈的设计者们所一直追求的，而现在到了定价的时候。最初，雅马哈认为，他们所面对的消费者，希望得到速度最快的摩托，并且也准备为此付高价——他们愿意为此付出 4 000、5 000 甚至 5 500 美元。如果性能确实卓越，即使 5 500 美元的价格也是合理的。通常情况下，消费者有他们自己的意愿价格，而这种意愿价格，通常比实际成本低 25%。雅马哈的营销者们考虑了许多影响定价的因素，除了消费者的预期心理外，他们还不得不考虑竞争对手的产品的价格，如科达、卡瓦萨基、铃木（Suzuki）、BMW 和哈雷达维顿（Harley Qavidon）公司的产品价格。产品的制造成本加上从日本运到美国的运输费用，构成了产品最低价。在美国的经营费用、经销广告费用也是一个影响定价的因素。此外，树立产品权威形象的目的，也是影响定价的一个因素。综合上述所有因素，雅马哈的营销者们最终决定把价格定为 5 299 美元。这在当时

虽不是最高，但已接近了市场的最高价。到 1987 年，雅马哈的市场零售价已经涨到 5 899 美元，1988 年则达到 6 000 美元。大多数购买者认为该产品的定价是合理的，一家杂志写道：雅马哈值这个价。

图 5 - 1　日本雅马哈摩托车

（图片来源：http：//xiaogan. 58. com）

从本例中可以看出，产品定价是市场营销中的一项基本内容，是企业最重要的决策之一。在某种程度上，企业的各种竞争策略最终都将在定价决策上得到体现。

（资料来源：营销定价案例精选 . http：//tools. para360. com，2007 年 12 月 26 日）

思考：

（1）定价时要考虑哪些影响因素？

（2）在营销实践中我们应如何运用定价技巧？

第一节　定价原理

一、价格

考察定价策略需要首先理解价格的概念。

（一）价格的概念

价格是商品或服务的价值的货币表现，是商品或服务的交换价值在流

通过程中的转化形式。通俗地讲，即它能在市场上交换到多少东西。在古代，每亩土地的价格可能是 20 石小麦、3 头牛，或者 1 条小船。在货币制度代替了物物交换后，价格则意味着购买时所要求的货币量。

在营销组合中，价格是能产生收入的因素，其他因素则表现为成本。价格也是营销组合中最灵活的因素，它的变化是迅速的，同时，价格竞争也是许多公司所面临的头号问题（见图 5 - 2）。

图 5 - 2　家乐福超市 POP 商品价格海报

（图片来源：http://profile.8j.com）

（二）价格的种类

价格包括商品价格和服务价格。商品价格是指各类有形产品和无形资产的价格，服务价格是指各类有偿服务的收费价格。

（三）价格的表现形式

所有营利组织和许多非营利组织都面临着如何给它们的产品或者服务制定价格的问题。价格以许多名目出现：购买商品要付货款；租公寓要付房租；受教育要付学费；看病要付医疗费；航空、铁路、出租汽车和公共汽车公司提供服务，乘客要付票价；聘请律师要支付辩护费；向银行借款要收取贷款利息等。由此可见，我们在生活中处处遇到价格问题。

二、影响定价的因素

（一）产品成本

任何企业都不能随心所欲地制定价格，某种产品的最高价格取决于市场需求，最低价格取决于产品的成本费用。产品成本是由产品在生产和流通过程中所花费的物质消耗和所支付的劳动报酬形成的。成本是企业定价的最低界限，这就要求产品价格不能低于平均成本费用。因此，企业产品定价的临界点是产品的总成本，如果总售价大于总成本，则企业盈利；反之，则亏本。

（二）供求关系

供求规律是市场经济的基本规律之一，产品的最高价格取决于产品的市场需求，而需求又受价格和收入变动的影响。供求决定价格，价格影响供求，是二者之间的必然现象。

1. 价格与需求

价格与需求的关系，一般表现为：当产品价格下降时，需求增加；商品价格上升时，需求下降。

2. 价格与供给

价格与供给量的变动成正比，当产品价格上升时，生产者有利可图，从而刺激生产者扩大生产和供应，使该产品的市场供应量增加；反之，则供应量减少。

3. 供求与均衡价格

在市场竞争条件下，供给与需求曲线在价格的变动中，会自发地逐渐趋于平衡，即两曲线相交于某点，这一点就成为均衡点。均衡点所对应的价格是市场供求平衡时的价格，成为供求双方所能接受的均衡价格。企业市场营销中商品的售价，多数都是买卖双方均能接受的均衡价格。

4. 需求弹性

需求弹性又称需求价格弹性，是指因价格而产生的变动率，反映了需求变动对价格变动反应的灵敏程度。由于商品的需求富有弹性，价格上升（或下降）会引起需求量的较大幅度的减少（或增加）。当价格的变动与需求量的变动相适应时，价格的变动对销售收入的变动影响不大。当需求量的变动率小于价格的变动率，提高价格时，则总收入增加；相反，降低价格时，由于销售量增加不多，则总收入减少。

（三）市场竞争

"价格战"是企业竞争的一种表现形式。竞争是影响企业产品定价的重

要因素之一，按照竞争的程度，市场竞争可以分为完全竞争、不完全竞争和完全垄断3种形态。在不同的竞争形态下，企业的定价策略是不同的。

1. 完全竞争

是指同种商品有多个营销者，每一个营销者的商品供应量只占市场总量的极小份额，因而任何一个卖主都不可能控制产品的市场价格。在这种情况下，企业只能接受市场竞争中形成的价格，采取随行就市的定价策略。

2. 不完全竞争

是指多数营销者都能积极主动地影响市场价格，而不是价格的被动接受者。经营者之间存在着产品质量、分销渠道、促销等方面的竞争，企业通过其差异优势，采取变动价格的策略，以寻求较高利益。

3. 完全垄断

是指一种商品完全由一家或极少数几家企业所控制的市场形态。企业没有竞争对手，因此可以独家或极少数几家协商制定和控制市场价格。这种形态通常分为政府垄断和企业垄断。

（四）国家政策

国家政策对企业产品定价的影响是多方面的，通过制定政策，可直接影响企业产品定价。同时，国家有关的定价原则、规定的价格基数及浮动幅度等，也都直接地影响到企业产品定价。

（五）渠道的选择

每一个产品都要经过销售这个环节，卖到消费者手中以实现销售，因而企业对一个新产品的渠道选择也往往会影响其价格的高低。选择传统的零售渠道还是网络渠道，根据渠道自身的特性，其价格高低是不一样的。

（六）产品的策略

一个企业的产品策略是战术型还是战略型，也直接影响到产品的价格制定。如果该新产品只是一个战术型产品，企业仅追求一时的利润或销量，价格就会"先高后低或高开低走"。而作为战略性产品，企业在产品价格上就会进行充分设计，充分考虑多种综合因素来定价。

（七）产品的特性

一个新产品，其特性（有独创型、跟风型以及替代型）不同，定价方式也会有不同。如果是独创型产品，其产品包装、产品功能、产品概念都是独创的，则可采取高价位；而产品如果属于替代型或跟风型，则就需要根据企业目标来灵活定价。

（八）行业发展阶段

一个新产品，根据其所处的行业生命周期的不同，企业对产品定价也会有所不同。对处于成熟期的行业来说，价格透明度高，随行就市定价是主要选择；而对于处于行业成长期、发展期的产品来说，采取高价位来定价也是必然；对处于行业衰退期的产品来讲，则各种可能都会存在。

（九）企业自身状况

每个企业的规模有大有小，财务状况不同，经销指标不同，企业的价值取向也不同。对于追求利润型企业，高价格是企业选择的定价方向；而对于追求市场份额的企业来讲，中、低价格定位是企业的定价方向。同时，根据企业自身状况，还需综合考虑如品牌、市场地位、推广费用、渠道建设情况、产品的包装、产品规格等因素来制定价格。

企业产品的定价牵涉到方方面面，在企业的市场营销实践中，除了以上9个影响因素外，目标消费群体、促销手段、货币因素、消费心理等，都会对定价产生不同程度的影响。

三、企业定价目标

企业的定价目标是以满足市场需要和实现企业盈利为基础的，它是实现企业经营总目标的保证和手段。同时，它又是企业定价策略和定价方法的依据。

不同行业的企业，同一行业的不同企业，以及同一企业在不同的时期、不同的市场条件下，都可能有不同的定价目标。这些目标可以分为4种类型：获利性目标、销售量目标、应付竞争目标、威望目标。

（一）获利性目标

即以获取利润为目标。获取利润是企业从事生产经营活动的最终目标，具体可通过产品定价来实现。又可以分为以获取投资收益为定价目标，以获取合理利润为定价目标，以获取最大利润为定价目标3种类型。

（二）销售量目标

即以扩大市场占有率、增加销售量为目标，在企业制定的利润约束内，使销售量最大化。在这种目标下，企业认为增加销售量比短期的高利润更重要。

［例］通用汽车公司的一种特殊的双门新款车，采取销售量目标策略，定价为15万元，比前一年出售的类似款式的车便宜2万元，从而使销售量大大增加。

（三）应对竞争目标

即以应对竞争者的价格为目标，简单地说就是根据行业领导者的价格

来制定本企业的价格。

价格是市场营销组合中可见性很高的因素，它也是与竞争者商品实行差别化，从而取得优势的一种有效的方法。但减价策略很容易被竞争者模仿。近年来，一些汽车、计算机硬件、国家航空运输业等行业的价格竞争，都可以说明竞争者对价格竞争的反应。

（四）威望目标

以制定比较高的价格来建立和保持产品的品质形象为目标。这种目标反映营销者有意识地利用价格，为公司及其产品与服务建立全面的形象。威望定价用于诸如劳斯莱斯汽车这样的产品。高价的香水也表示营销者更强调形象而不是成本。有资料分析表明，一些香水的原材料成本仅仅占销售价格的4%。有的香水的促销广告为"世界上最昂贵的香水"，就是通过提高价格来提升产品威望。

要点警句

科特勒论营销：你不是通过价格出售产品，你是在出售价格。

趣味讨论

奇瑞QQ、劳力士手表分别是以什么企业定价目标来定价的？为什么？

课堂练习

制定比较高的价格建立和保持产品的品质形象，以吸引重视地位的消费者，这是以（　　）为企业定价目标。（单项选择题）

A. 销售量目标　　　　　　　　B. 获利性目标

C. 威望目标　　　　　　　　　D. 声望目标

第二节　定价方法

定价方法，是企业在特定的定价目标的指导下，依据对产品成本、需求及竞争等状况的研究，运用价格决策理论，对产品价格进行计算的具体方法。

企业的定价方法很多，根据与定价有关的基本因素，可以总结出 3 种基本的定价方法：成本导向定价法、需求导向定价法和竞争导向定价法。

要点警句

定价是增加利润最强有力的杠杆。

一、成本导向定价法

以产品单位成本为基本依据，以收回经营成本为基础，再加上预期利润来确定价格的方法叫成本导向定价法。这是中外企业最常用、最基本的定价方法，其优点是可保证企业不亏本，计算方法简单方便。

在此基础上，成本导向定价法又衍生出了总成本加成定价法、目标收益定价法、边际成本定价法、盈亏平衡定价法等几种具体的定价方法。

二、需求导向定价法

不以产品的成本为基础，而是以市场对产品的需求强度为基础来制定商品价格的方法叫需求导向定价法。在其他条件相同的情况下，市场需求越强烈，则产品定价越高。

需求导向定价法主要有 4 种具体的定价方法：理解价值定价法、区分需求定价法（又称细分定价法）、习惯定价法、可销价格倒推法。

（一）理解价值定价法

理解价值定价法，以购买者对商品价值的感受和理解为基础。购买者根据自己对产品的性能、质量、服务、品牌、包装等各方面的印象，对价格作出判断，即人们买东西时常说的"值"或"不值"。这种定价方法不是依据企业的成本费用水平来定价，而是以消费者对产品的价值判断为基础来定价，也称"感受价值"定价法或"认知价值"定价法。

（二）区分需求定价法

区分需求定价法是指根据需求的差异，对同种产品制定不同的价格的方法。它主要包括以下 4 种形式：

第一，对不同的顾客群采取不同的价格。如同种产品对购买量大和购买量小的顾客采取不同价格，航空公司对国内、国外乘客实行分别定价，电影院对老年人、学生和普通观众按不同票价收费等。

第二，根据产品的式样和外观的差别制定不同的价格。对同种产品的不同外观、式样、花色、档次制定不同价格，价差比例往往大于成本差的比例。

［例］一些名著往往有平装本和精装本之分，其内容完全相同，只是包装不同而已，但价格就有较大差别。

第三，相同的产品在不同的地区销售，其价格也会不同。

［例］同样的产品在沿海和内地的价格是有差异的。

第四，相同的产品在不同时间销售，其价格也不同。如需求旺季的价格要明显地高出需求淡季的价格，电视广告在黄金时段收费特别高等等。

（三）习惯定价法

企业依据长期被消费者接受和承认并已成为习惯的价格对产品进行定价。某些产品在长期经营的过程中，消费者已经接受了其基本属性和价格水平，符合这种标准的定价容易被消费者接受，反之则会引起消费者的排斥。经营此类产品（见图5－3）的企业不能轻易改变价格，因为减价会引起消费者对产品质量的怀疑，涨价则会影响产品的销路。如酱油、铅笔、纸巾等。

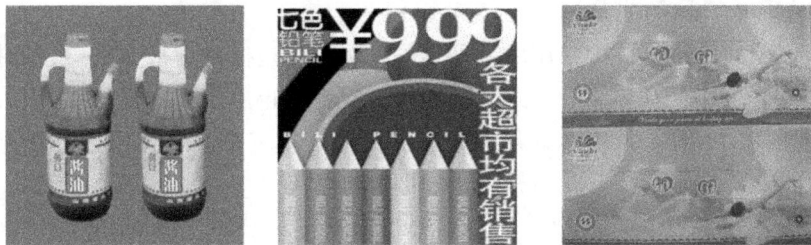

图5－3 酱油、铅笔、纸巾

（四）可销价格倒推法

即以消费者对商品价值的感受及理解程度为基础确定其可接受的价格的定价方法。一般在两种情况下企业可采用这种定价法：一是为了满足在价格方面与现有类似产品竞争的需要；二是对新产品先确定其可销价格，然后反向推算出各环节的可销价格。

三、竞争导向定价法

即以同类产品的市场供应竞争状态为依据，从而确定本企业产品价格水平的方法。

竞争导向定价法的形式主要有：

（一）随行就市定价法

指依据本行业通行的价格水平或平均价格水平制定价格的方法。它要求企业制定的产品价格与同类产品的平均价格保持一致。

（二）竞争价格定价法

竞争价格定价法是一种主动定价方法，一般为实力雄厚或独具特色的企业所采用。定价时首先将市场上竞争产品的价格与本企业估算的价格进行比较，分为高于、低于和一致 3 个层次；其次，将产品与竞争企业进行比较，分析造成价格差异的原因；再次，根据以上综合指标确定本企业产品的特色、优势及市场定位。在此基础上，最终按定价所要达到的目标确定产品价格。

（三）投标定价法

一般是指在商品和劳务的交易中，采用投标、招标的方式，由一个买主对多个卖主的出价择优成交的一种定价方法。在国际上，建筑包工和政府采购往往采用这种方法。

（四）拍卖定价法

拍卖是市场经济中常用的一种定价方法。它是指拍卖行受出售者委托，在特定场所用公开叫卖的方式，引导买方报价（也可密封报价），利用买方竞争求购的心理，从中选择最高价格成交的定价方法。这种价格是在买方之间通过竞争形成的，是一种真正的市场价格。

趣味讨论

人们买东西时常说的"值"或"不值"是一种什么定价法？在我们的日常生活中，有哪些商品是适用习惯定价法的？

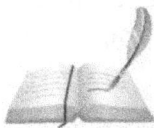

课堂练习

下列属于需求导向定价法的有（　　　）。（多项选择题）

A. 理解价值定价法　　　　　　　B. 习惯定价法

C. 随行就市定价法　　　　　　　D. 区分需求定价法

第三节 定价策略

所谓定价策略，是指企业为了在目标市场上实现定价目标，给商品制定一个基本价格和浮动的幅度。定价策略是企业的一种重要的营销手段。

在新产品定价时，如何能巧妙地运用并及时调整定价法以保持定价方式的科学有效性呢？选择适当的定价策略是重要的一环。

一、新产品定价策略

新产品定价的策略主要有以下 3 种：撇脂定价策略、渗透定价策略、满意定价策略。

（一）撇脂定价策略

1. 定义

撇脂定价策略，又称高价法，即高利润定价策略，也叫取脂定价策略，是指在产品生命周期的最初阶段，在竞争者研制出相似的产品以前，以在短期内攫取最大利润为目标，而不是以实现最大的销量为目标，尽快地收回投资，并且取得相当的利润。

2. 撇脂定价的适用条件

一般来说，在具备下列条件的情况下，企业可以采取撇脂定价的方法：

（1）市场上存在一批购买力很强，并且对价格不敏感的消费者。

（2）这样的一批消费者的数量足够多，使企业有厚利可图。

（3）暂时没有竞争对手推出同样的产品，本企业的产品具有明显的差别化优势。

（4）当有竞争对手加入时，本企业有能力转换定价方法，通过提高性价比来提高竞争力。

（5）本企业的品牌在市场上有传统的影响力。

就企业而言，品牌往往是撇脂定价的最重要的前提条件，如思科公司的网络产品利润率达到 85%，就是依靠思科在行业内近乎垄断性的领导地位。

3. 撇脂定价的优点

（1）利用高价产生的厚利，使企业在新产品上市之初，即能迅速收回投资，减少投资风险。

（2）在全新产品或换代新产品上市之初，顾客对其尚无理性的认识，此时的购买动机多属于求新求奇。利用消费者这一心理，企业通过制定较高的价格，以提高产品身份，树立高价、优质、名牌的形象。

（3）在新产品进入成熟期后可以拥有较大的调价余地，从现有的目标市场上吸引潜在的需求者。

（4）在新产品开发之初，企业很难以现有的规模满足所有的需求，利用高价可以限制需求的过快增长，从而缓解产品供不应求的状况，并且可以利用高价获取的高额利润进一步扩大生产规模，使之与需求状况相适应。

4. 撇脂定价的缺点

（1）过高的价格不利于市场开拓和增加产品销量，也不利于占领和稳定市场，容易导致新产品开发失败。

（2）高价高利会导致竞争者的大量涌入，仿制品、替代品会迅速出现，从而迫使价格急剧下降。此时若无其他有效策略相配合，则可能会失去一部分消费者。

（3）价格远远高于价值，在某种程度上损害了消费者利益，容易招致公众的反对和消费者的抵制，甚至会被当作暴利产品而被取缔，最终诱发公共关系问题。

［例］苹果公司的 iPod 产品是最近 4 年来最成功的消费类数码产品，一推出就获得成功。第一款 iPod 零售价高达 399 美元，即使对于美国人来说，也是属于高价位产品，但是有很多"苹果迷"既有钱又愿意花钱，所以还是纷纷购买。苹果的撇脂定价法取得了成功。但是苹果认为还可以"撇到更多的脂"，于是不到半年又推出了一款容量更大的 iPod，当然价格也更高，定价 499 美元，仍然卖得很好。最终，苹果的撇脂定价大获成功。

作为对比，索尼公司的 MP3 也采用了撇脂定价法，但是却没有获得成功。索尼失败的第一个原因是产品的品质和上市速度。当 iPod mini 在市场上已经热卖了 2 年之后，索尼才推出了针对这款产品的 A1000，可是此时苹果公司却已经停止生产 iPod mini，并推出了一款新产品 iPod nano，苹果保持了产品的差别化优势，而索尼则总是在产品上落后一大步。此外，苹果推出的产品马上就可以在市场上买到，而索尼还只是预告，新产品正式上市还要再等 2 个月。上市速度的优势，使苹果在长时间内享受到了撇脂定价的厚利，而索尼的产品虽然定价同样高，但是由于销量太小而只"撇"到了非常少的"脂"。

索尼失败的第二个原因是外形。苹果 iPod 的外形已经成为工业设计的经典之作，而一向以"微型化"著称的索尼公司的 MP3，这次明显处于下风，单纯从产品的尺寸看，索尼的产品比苹果 nano 足足厚了 2 倍，如表5 - 1所示。而两者外形的差距与产品的市场份额的差距同样大。

表 5-1 苹果 iPod nano 与索尼 A1000 的外形差别

产品	高（mm）	宽（mm）	厚（mm）
苹果 iPod nano	90	40.6	6.9
索尼 A1000	88.1	55.0	18.7

苹果公司 iPod 产品在几年中的价格策略是对撇脂定价和渗透式定价交互运用的典范，体现了苹果公司卓越的价格管理能力。苹果公司定价成功的部分原因要归功于竞争对手。由于主要竞争对手索尼在第一款 iPod 推出 2 年后，才推出自己的同类产品，使苹果公司能够在较长的时间里唱独角戏，价格管理的难度也因此大幅降低。

（资料来源：中国营销传播网．从苹果 iPod 和索尼 MP3 的成败，看撇脂定价法的使用艺术．http：//www.emkt.com.cn，2006）

趣味讨论

根据苹果和索尼的案例，讨论在什么情况下，企业可以采取撇脂定价法并且能取得好的效果？苹果的定价策略给我们什么启示？

（二）渗透定价策略

1. 定义

渗透定价策略，又称低价法，也叫薄利多销策略，是指企业有意以一个较低的产品价格打入市场，牺牲高利润，使新产品以物美价廉的形象吸引顾客，占领市场，目的是在短期内加速市场成长，以期获得较高的销售量及市场占有率，从而谋取远期的稳定利润。

2. 市场渗透定价成功的条件

（1）有足够大的市场需求；

（2）消费者对价格高度敏感而不是具有强烈的品牌偏好；

（3）大量生产能产生显著的成本经济效益；

（4）低价策略能有效打击现存及潜在的竞争者。

3. 市场渗透定价的优缺点

（1）渗透定价的优点。

由低价带来的两个好处是：首先，低价可以使产品尽快地为市场所接受，并借助大批量销售来降低成本，从而获得长期稳定的市场地位；其次，微利阻止了竞争者的进入，增强了自身的市场竞争力。

（2）渗透定价的缺点。

采用渗透价格的缺点是：企业无疑只能获取微利，同时低价策略使厂家用于市场推广的预算不足，有时会给人以价低质次的不良感觉。

[例] 与广州本田的飞度一样基本上是全球同步推出的车型有上海大众的POLO。但与飞度相比，POLO的价格要高得多。飞度1.3L五速手动挡的全国统一销售价格为9.98万元，1.3L无级变速自动挡销售价格为10.98万元。而三厢POLO上市时的价格为13.09～16.19万元。飞度上市后，POLO及时进行了价格调整，到12月中旬，在北京亚运村汽车交易市场上，三厢POLO基本型的最低报价是11.11万元。即使这样，其价格还是高于飞度。

整体来看，飞度良好的市场表现最重要的原因之一是广州本田采用了一步到位的低价策略。对于一般汽车企业来说，往往从利润最大化的角度考虑定价，以想办法最大限度地获得第一桶金。这体现在新车上市时，总是高开高走，等到市场环境发生变化时才考虑降价。飞度的做法则不同，它虽然是一个技术领先的产品，但采取的是一步到位的定价。虽然低价会产生供不应求的现象，但供不应求会吸引更多的消费者。在产量屏障被打破以后，消费者能够在不加价的情况下就可以买到车，满意度会大大提高，因为它给予了消费者荣誉上的附加值，汽车的性能和价格在短期内都难以被对手突破。这就使得长期徘徊观望的经济型轿车潜在的消费者打消了顾虑，放弃了持币待购的心理，纷纷选择了飞度。

（资料来源：陈玮，李穗豫．价格：中国汽车市场的经典价格案例分析．http：//www.51cmc.com）

（三）满意定价策略

满意定价策略，又称平价法，也叫平价销售策略，是介于撇脂定价和渗透定价之间，使消费者与企业双方都满意的一种定价策略。

有些特有产品买卖双方协定特殊价格，可以使用满意价格策略来定价。这种特有产品往往分为两种类型，一种是创意独特的新产品（"炒新"），满足了那些品味独特、需求特殊的顾客；另一种是纪念物等有特殊收藏价值的商品（"炒旧"），如古董、纪念物或是其他有收藏价值的商品。

二、心理定价策略

心理营销定价策略是针对消费者的不同消费心理，制定相应的商品价格，以满足不同类型的消费者需求的策略。心理营销定价策略一般包括尾数定价、整数定价、习惯定价、声望定价、招徕定价等9种主要形式。

（一）尾数定价

尾数定价又称零头定价，是指企业针对消费者的求廉心理，在商品定价时有意定一个与整数有一定差额的价格。这是一种具有强烈刺激作用的心理定价策略。

心理学家的研究表明，价格尾数的微小差别，能够明显影响消费者的

购买行为。一般认为，5 元以下的商品，末位数为 9 最受欢迎；5 元以上的商品末位数为 95 效果最佳；百元以上的商品，末位数为 98、99 最为畅销。尾数定价法会给消费者带来一种经过精确计算的、最低价格的心理，有时也可以给消费者一种是原价打了折扣、商品便宜的感觉。

[例] 某品牌的 54 厘米彩电标价 998 元，给人以便宜的感觉，使人认为只要几百元就能买一台彩电，其实它比 1 000 元只少了 2 元。尾数定价策略还给人一种定价精确、值得信赖的感觉。

（二）整数定价

整数定价与尾数定价相反，针对的是消费者的求名、求方便心理，将商品价格有意定为整数。由于同类型产品生产者众多，花色品种各异，在许多交易中，消费者往往只能将价格作为判别产品质量、性能的指示器。此时，在众多尾数定价的商品中，整数定价能给人一种方便、简洁的印象。

（三）习惯性定价

某些商品需要经常、重复地购买，因此这类商品的价格在消费者心理上已经定格，成为一种习惯性的价格。

许多商品尤其是家庭生活日常用品，在市场上已经形成了一个习惯价格。消费者已经习惯于在消费这种商品时，只愿付出这么大的代价。对这些商品的定价，企业一般应依照习惯确定，不要随便改变价格，以免引起顾客的反感。善于遵循这一习惯来确定产品价格的企业往往获益匪浅。

（四）声誉定价

又称声望定价。消费者一般都有求名望的心理，根据这种心理行为，在顾客中有良好声誉的企业将商品的价格制定得比市场同类商品价高，即为声望定价策略。它能有效地消除顾客的购买心理障碍，使顾客对商品或零售商形成信任感和安全感，顾客也从中得到荣誉感。它满足了某些购买者显示地位的欲望，是个人价值的一种体现。声誉定价适宜于一些质量不易鉴别的商品，如药品、保健品、化妆品、饰物、时装等。

[例] 微软公司的 Windows98（中文版）在进入中国市场时，一开始就定价为 1 998 元，便是一种典型的声望定价。另外，用于正式场合的西装、礼服、领带等商品，以及服务对象为企业总裁、著名律师、外交官等职业的消费者的商品，则都应该采用声望定价，否则，这些消费者就不会去购买。

声望定价往往采用整数定价方式，其高昂的价格能使顾客产生"一分价格一分货"的感觉，从而在购买过程中得到精神上的享受，达到良好的效果。

[例] 金利来领带一上市就以优质、高价定位，对有质量问题的金利来

领带决不上市销售，更不会降价处理，从而给消费者这样的印象，即金利来领带绝不会有质量问题，低价销售的金利来绝非真正的金利来产品，从而极好地维护了金利来的形象和地位。德国的奔驰轿车，售价 20 万马克；瑞士莱克司手表，价格达到了五位数；巴黎里约时装中心的服装，一般售价为 2 000 法郎；我国的一些国产精品也多采用这种定价方式。

但采用此策略一定要慎重，一般商品和商店如乱用此策略，将会失去市场。

（五）招徕定价

招徕定价又称特价商品定价，即用低价格吸引顾客，满足消费者"求廉"的心理，有意将少数商品降价以招徕吸引顾客的定价方式。如超级市场和百货公司将少数商品的价格定得很低，甚至低于成本，其目的在于吸引顾客在购买这些低价商品的同时，购买其他商品，以求在总量上扩大销售。

［例］"一元拍卖活动"

北京地铁有家每日商场，每逢节假日都要举办"一元拍卖活动"，所有拍卖商品均以 1 元起价，报价每次增加 5 元，直至最后定夺。但这种由每日商场举办的拍卖活动由于基价定得过低，最后的成交价往往比市场价低得多，因此会给人们产生一种"卖得越多，赔得越多"的感觉。岂不知，该商场用的是招徕定价术，它以低廉的拍卖品活跃商场气氛，以增大客流量，从而带动了整个商场的销售额上升。这里需要说明的是，应用此种定价策略所选的降价商品，必须是顾客都需要而且市场价为人们所熟知的才行。

（六）分级定价

即分档定价，是指零售商将商品分为不同档次、级别，拉开档次分别制定价格。这样可以使顾客按需购买，减少选购时间；使零售商简化管理，便利进货。

［例］某服装店对某型号女装制定了 3 种价格：160 元、380 元、880 元，从而在消费者心目中形成低、中、高 3 个档次，人们在购买时就会根据自己的消费水平选择不同档次的服装。如果一味地定成一个价格，效果就不好了。一般情况下，如果相邻两种型号的商品价格相差大，消费者多半会买便宜的；如果价格相差较小，则消费者倾向于买好的。

（七）销售时间差别定价

即企业对于不同季节、不同时期甚至不同时间的产品或服务也分别制定不同的价格。

［例］蒙玛公司在意大利以"无积压商品"而闻名，其秘诀之一就是对时装分多段定价。它规定新时装上市，以 3 天为一轮，每隔一轮按原价

削 10%，以此类推，那么 10 轮（一个月）之后，蒙玛公司的时装价就削减到了 35% 左右的成本价了。这时蒙玛公司的时装就以成本价售出。因为时装上市仅一个月，价格已跌到 1/3，谁还不来买？所以其产品一卖即空。蒙玛公司最后结算时，赚钱比其他时装公司多，又没有积货的损失。

（八）特别事件定价

利用一些特别的事件如节日、纪念日、有影响力的赛事等定价来吸引更多的顾客购买。

（九）情感定价

挖掘人们内心崇尚真善美的本质，为产品赋予特殊的寓意或人性化的内涵，以吸引人们不计成本地购买。如将两块普通的石头打磨成艺术品，命名为"姻缘石"或"夫妻石"，吸引男女情侣购买。

[例] 1983 年岁末，圣诞老人来临的前夕，一架波音 747 飞机由香港飞越太平洋直达美国，这架飞机上满载着 10 万个布制的洋娃娃，这些洋娃娃到美国后受到了特殊的待遇，被人们一抢而空。这批洋娃娃的设计者是一位 28 岁的美国青年罗巴士，他曾在孩提时代听过一个美妙的童话，说孩子是菜田里生长出来的。于是他就将制作的娃娃取名为"椰菜头洋娃娃"。而在美国，不少孩子因强调自立，不愿和自己的父母生活在一起，于是对这些父母来说，家庭生活变得寂寞而无乐趣；又由于很多生活在离婚家庭中的孩子，心理上感到孤寂无依，需要精神上的安慰。因此，罗巴士分析，这些成年人和孩子都一定喜欢洋娃娃。

他还把洋娃娃塑造成一种有生命的东西，称这种"椰菜头洋娃娃"（见图 5-4）在实质上不是卖给人们，而是让人们来"领养"。购买者要签署"领养证"，通过办理领养的手续，洋娃娃和"领养者"之间建立起"养子和养父母"的关系，从而使买者对洋娃娃产生一种亲切感。为了使这些洋娃娃进一步"活"起来，他们给每个洋娃娃都附上"出生证明"，印上洋娃娃的姓名，屁股上面还有"接生人员"盖的印章。

图 5-4 经典版和现代版"椰菜头洋娃娃"

（图片来源：椰菜头洋娃娃 http：//news. xinhuanet. com）

133

三、折扣价格策略

折扣营销定价策略是通过降低一部分价格以争取顾客的策略，在现实生活中应用十分广泛，用折让手法定价就是用降低定价或打折扣等方式来吸引顾客购货的一种售货方式。折扣价格策略常有如下 8 种形式：

（一）数量折扣

数量折扣策略就是根据代理商、中间商或顾客购买货物数量的多少，分别给予不同折扣的一种定价方法，数量越大，折扣越多。其实质是将销售费用节约额的一部分，以价格折扣的方式分配给买方。目的是鼓励和吸引顾客长期、大量或集中向本企业购买商品。数量折扣可以分为累计数量折扣和非累计数量折扣两种形式，可单独使用，也可结合使用。

1. 累计数量折扣

累计数量折扣是指当代理商、中间商或顾客在规定的时间内，购买总量累计达到折扣的标准时，给予其一定的折扣。累计数量折扣定价法可以鼓励购买者经常购买本企业的产品，成为企业可信赖的长期客户；企业可据此掌握产品的销售规律，预测市场需求，合理安排生产；经销商也可保证货源。例如，企业在网上确定商品的价格时，可根据消费者购买商品所达到的数量标准，给予不同的折扣。购买量越大，折扣越多。

2. 非累计数量折扣

非累计数量折扣是一种只按每次购买产品的数量而不按累计数量给予折扣的定价方法。其目的是鼓励客户大量购买，节约销售中的劳动耗费。

（二）现金折扣

现金折扣策略，又称付款期限折扣策略，是在信用购货的特定条件下发展起来的一种优惠策略，即对按约定日期付款的顾客给予不同的折扣优待。现金折扣实质上是一种变相降价赊销，是一种鼓励提早付款的办法。如付款期限一个月，立即付现折扣 5%，10 天内付现折扣 3%，20 天内付现折扣 2%，最后 10 天内付款则无折扣。有些零售企业往往利用这种折扣，节约开支，扩大经营，卖方可据此及时回收资金，扩大商品经营。

［例］在 B2B 方式的电子商务中，由于网上支付交易量的缺欠，为了鼓励买主用现金购买或提前付款，常常在定价时给予一定的现金折扣。某项商品的成交价为 360 元，交易条款注明"3/20 净价 30"，意思是：如果在成交后 20 天内付款可享受 3% 的现金折扣，但最后应在 30 日内付清全部货款。随着网上支付体系和安全体系的健全，这种定价策略将逐步消失。

（三）功能折扣

功能折扣策略是企业根据各类中间商在市场营销中所担负功能的不同

而给予的不同折扣，又称商业折扣或交易折扣。企业采取该策略的目的是为了扩大生产，赚取更多的利润，或为了占领更广阔的市场，利用中间商努力推销产品。如果中间商提供运输、促销、资金融通等功能，对其折扣就较多；否则，折扣将随功能的减少而减少。一般而言，给予批发商的折扣较大，给予零售商的折扣较少。

（四）季节性折扣

季节性折扣策略是指生产季节性商品的公司企业，为了鼓励中间商在淡季进货，或鼓励顾客淡季购买，对销售淡季来采购的买主所给予的一种折扣优惠。季节性折扣的目的是鼓励购买者提早进货或淡季采购，以减轻企业的仓储压力，合理安排生产，做到淡季不淡，充分发挥生产能力。季节性折扣实质上是季节差价的一种具体应用（见图5-5）。

图5-5　换季折扣 POP 海报

（图片来源：http://www.trykee.cn）

（五）运费让价

运费让价是生产企业为了扩大产品的销售范围，对远方市场的顾客让价以弥补其部分或全部运费。企业对远方市场一般都采用运费让价策略。

（六）推广让价

推广让价是生产企业对中间商积极开展促销活动所给予的一种补助或降价优惠，又称推广津贴。由于中间商分布广，影响面大，熟悉当地市场状况，因此企业常常借助他们开展各种促销活动，如刊登地方性广告、布置专门橱窗等。对中间商的促销费用，生产企业一般以发放津贴或降价供货作为补偿。

（七）旧货换新折扣

指对耐用消费品，消费者可以以旧换新，新产品价格减去旧货折算价格为消费者实际支付价格。如销售一款压力锅原价 198 元，可以用任意一个旧锅抵 50 元，则只需付 198 − 50 = 148 元就可以换一个新的压力锅。

（八）回扣

还有另一个减少消费者支出的方法是提供回扣，即退回购买货款的一部分。在销售增长缓慢时期的汽车制造商经常使用回扣。其他产品，如日常用品、运动设备、杂货产品和香烟也使用回扣。一家香烟制造商推出一个新的品牌时，它选择全价策略，但是每箱提供 4 元的回扣。之所以要给回扣而不是直接折价，是为了不使消费者误认为折扣商品品质低劣，否则降低价格反而会导致需求降低。

要点警句

在制定折扣政策时要有创意，应该利用折扣政策来清理存货或增加业务量。为了在一个成熟的市场上生存，应该制定折扣政策。

四、地区定价策略

一般来说，一个企业的产品，不仅卖给当地顾客，而且同时卖给外地顾客；而卖给外地顾客，把产品从产地运到顾客所在地，需要花一些装运费。所谓地区定价策略，就是企业要决定：对于卖给不同地区（包括当地和外地不同地区）顾客的某种产品，是分别制定不同的价格，还是制定相同的价格？地区性定价的形式有：

（一）FOB 原产地定价

FOB 原产地定价，就是顾客（买方）按照厂价购买某种产品，企业（卖方）只负责将这种产品运到产地的某种运输工具（如卡车、火车、船舶、飞机等）上交货。交货后，从产地到目的地的一切风险和费用概由顾客承担。如果按这种定价方式，那么每一个顾客都要各自负担从产地到目的地的运费。

（二）统一交货定价

这种形式和前者正好相反。所谓统一交货定价，就是企业对于卖给不同地区顾客的某种产品，都按照相同的厂价加相同的运费（按平均运费计

算）定价，也就是说，对全国不同地区的顾客，不论远近，都实行一个价。

[例] 我国统一国内邮资为 0.8 元，不论发信人与收信人距离的远近。

（三）分区定价

所谓分区定价，就是企业把全国（或某些地区）分为若干价格区，对于卖给不同价格区顾客的某种产品，分别制定不同的地区价格。距离企业远的价格区，价格定得较高；距离企业近的价格区，价格定得较低。在各个价格区范围内则实行一个价。

（四）基点定价

即企业选定某些城市作为基点，然后按一定的厂价加上从基点城市到顾客所在地的运费来定价（不管产品实际上是从哪个城市起运的）。有些公司为了提高灵活性，选定许多个基点城市，按照顾客最近的基点计算运费。

（五）运费免收定价

有些企业因为急于和某些地区做生意，于是选择负担全部或部分实际运费。这些卖主认为，如果生意扩大，其平均成本就会降低，因此足以抵偿这些费用开支。采取运费免收定价，可以使企业加深市场渗透，并且能在竞争日益激烈的市场上站得住脚。

五、商业信用价格策略

商业信用是指企业之间以赊销、预付形式提供的，与商品交易相联系的一种信用购货方式，它是市场经济高度发展的必然产物。商业信用与折扣不同，它不存在让价的多少，但又与价格有联系。商业信用的形式主要有：

（一）赊销

赊销是商业信用的一种主要形式，它是一种短期信用，卖方不向买方收取其他费用，但在规定期限内必须付清货款。这样给买方一定的融通资金的时间。这种信用方式，作为债权人的卖方要付出一定的代价，但在市场竞争中，采用这种销售形式，能够吸引顾客购买。

（二）分期付款

分期付款是指对一些价值大、生产周期长的产品，要求购买者首期支付一定预订金，其余货款分若干期支付的一种销售方式。分期付款在国外是一种非常流行的购物方式，特别是对价值较大的耐用品，如汽车、电脑、住房等。采用这种方式实质上也等于给购买者一定的优惠，使得企业可以吸收潜在的购买者。该方法在房地产市场中被广泛采用。

课堂练习

下列属于心理定价策略的是（　　　　）。（单项选择题）

A. 尾数定价法　　　　　　　　B. 季节性折扣

C. FOB 原产地定价法　　　　　D. 分期付款

第四节　调价策略

企业为某种产品制定出价格以后，并不意味着就大功告成了。随着市场营销环境的变化，企业在制定了定价策略后，往往又面临着如何调整的问题。

要点警句

战略大师告诉我们：战略就是差异化。

一、降价策略

（一）发动降价的原因

有几种情况可能导致企业考虑降价：

（1）企业急需回笼大量现金。此时，企业可以通过大幅度降价，从而增加销售额，获取现金。

（2）企业通过降价来开拓新市场。一种产品的潜在顾客往往由于其消费水平的限制而阻碍了向现实顾客转变的可行性。在降价不会对原顾客产生影响的前提下，企业可以通过降价方式来扩大市场份额。

（3）企业决策者决定排斥现有市场的边际生产者。对于那些以目前价格销售产品仅能保本的企业，在别的企业主动降价以后，会因为价格的降低而得不到利润，只好被迫停止生产。

（4）企业生产能力过剩，产品供过于求，但是又无法通过产品改进和加强促销等手段来扩大销售。在这种情况下，企业必须考虑降价。

（5）通过降价扩大销售，由此获得更大的生产规模。

（6）由于成本降低，费用减少，可以降价。

（7）企业决策者出于对中间商要求的考虑，准备降价。

（8）政治法律环境及经济形势的变化，迫使企业降价。

（二）降价的方法

（1）标价直接下降。降价最直截了当的方式是将企业产品的目录价格或标价绝对下降。

（2）折扣型降价。企业更多的是采用各种折扣形式来降低价格，如采用数量折扣、现金折扣、回扣和津贴等。

（3）其他变相的降价形式。例如，赠送样品和优惠券；实行有奖销售；给中间商提取推销奖金；允许顾客分期付款；赊销；免费或优惠送货上门、技术培训、维修咨询；提高产品质量，改进产品性能，增加产品用途等。

（三）提价的原因

提价的主要因素有：

（1）应付产品成本增加，减少成本压力。这是所有产品价格上涨的主要原因。

（2）为了适应通货膨胀，减少企业损失。

（3）产品供不应求，遏制过度消费。

（4）利用顾客心理，创造优质效应。作为一种策略，企业可以利用涨价营造名牌形象，使消费者产生价高质优的心理定势，以提高企业知名度和产品声望。

（四）提价的方法

（1）延缓报价。即企业决定到产品制成或者交货时才制定最终价格。生产周期较长的产业，如工业建筑和重型设备制造业等，普遍采用延缓报价定价法。

（2）减少折扣。企业减少常用的现金和数量折扣，提示其销售人员不可为了争取生意和"拉单"而不按目录价格报价。

（3）分别处理产品价目。企业为了保持其产品的价格，将先前免费供应的产品分解为多个零部件，并作为构件定价出售。比如电脑、汽车等的销售，表面上看起来没有提价，但实际上同样的价格却减少了配置。

（4）使用价格自动调整条款。企业要求顾客按当前价格付款，并且支付交货前由于通货膨胀而引起增长的全部或部分费用。合同中的价格自动调整条款规定，需根据某个规定的物价指数如生活费用指数来计算提高的价格。在施工时间较长的工业工程方面，许多合同都有价格自动调整条款。

（5）通过行业协会协议行业整体提价。

二、调价引起的反应

价格调整的幅度，最重要的考虑因素是消费者的反应。因为调整产品的价格是为了促进销售，实质上是要促使消费者购买产品。忽视了消费者的反应，销售就会受挫；只有根据消费者的反应调价，才能收到好的效果。

（一）消费者的反应

1. 消极反应

顾客经常在价格变化后提出质疑。降价会被顾客看成：

（1）这种产品式样陈旧，最近被最新型号所代替；

（2）这种产品有缺点，销售情况不好；

（3）这个企业在财务方面有麻烦，可能难以经营下去；

（4）价格还会进一步下跌，等待观望比较合算；

（5）这种产品的质量已经下降。

2. 积极反应

提价通常会阻碍销售，但也有可能带来某些积极的意义，可能会被认为：

（1）这种产品是非常"热门"或供不应求的，因为涨价的是紧俏货，价格可能以后还要涨，不赶紧买以后就很难买得到；

（2）提价意味着产品质量的改进；

（3）这种产品可能代表了一种非同寻常的优良价值，树立了名牌形象；

（4）品牌形象开级；

（5）各种商品价格都在上涨，提价很正常。

（二）竞争者的反应

一个打算调价的企业必须考虑到竞争者的反应。一般竞争者可能推测企业调价行为背后的原因：

第一，企业正试图悄悄地夺取市场；

第二，企业经营情况不佳并企图增加销售量；

第三，企业可能希望引导整个行业减价以刺激总需求。

如果竞争者有一个市场份额目标，他就可能要跟进这个价格变更。如果他有一个获取最大利润的目标，他就可能在某些营销战略上作出反应，例如提高广告的预算或改进产品质量。

课堂练习

下列属于降价的方法有（　　　）。（多项选择题）

A. 延缓报价　　　　　　　　　　B. 允许顾客分期付款

C. 分别处理产品价目　　　　　　D. 直接标价下降

本章汇总

一、定价原理

（一）价格

1. 价格的概念

价格是商品或服务的价值的货币表现，是商品或服务的交换价值在流通过程中的转化形式。

2. 价格的种类

价格包括商品价格和服务价格。商品价格是指各类有形产品和无形资产的价格，服务价格是指各类有偿服务的收费价格。

（二）影响定价因素

影响定价的 9 个因素：产品成本、供求关系、市场竞争、国家政策、渠道的选择、产品的策略、产品的特性、行业发展阶段、企业自身状况。

（三）企业定价目标

企业定价目标的 4 种类型：获利性目标、销售量目标、应对竞争目标、威望目标。

二、定价方法

企业定价的 3 种基本方法：成本导向定价法、需求导向定价法和竞争导向定价法。

三、定价策略

定价策略主要有新产品定价策略、心理定价策略、折扣价格策略、地区定价策略、商业信用价格策略。

（一）新产品定价策略

新产品定价的策略主要有以下 3 种：撇脂定价策略、渗透定价策略、满意定价策略。

（二）心理定价策略

心理定价策略主要有 9 种形式：尾数定价、整数定价、习惯性定价、声誉定价（又称声望定价）、招徕定价、分级定价、销售时间差别定价、特别事件定价、情感定价。

（三）折扣价格策略

折扣价格策略常有如下 8 种形式：数量折扣、现金折扣、功能折扣、季节性折扣、运费让价、推广让价、旧货换新折扣、回扣。

（四）地区定价策略

地区性定价的形式有：FOB 原产地定价、统一交货定价、分区定价、基点定价、运费免收定价。

（五）商业信用价格策略

商业信用形式主要有赊销、分期付款。

四、调价策略

（一）发动降价或提价的因素及方法

1. 发动降价的原因
2. 降低价格的方法

主要有 3 种：标价直接下降、折扣型降价、其他变相降价形式。

3. 发动提价的原因
（1）应付产品成本增加，减少成本压力；
（2）为了适应通货膨胀，减少企业损失；
（3）产品供不应求，遏制过度消费；
（4）利用顾客心理，创造优质效应。

4. 提高价格的方法

主要有 5 种：采用延缓报价、减少折扣、分别处理产品价目、使用价格自动调整条款、通过行业协会协议行业整体提价。

（二）价格变化引起的反应

1. 顾客的反应

消极：顾客经常在价格变化后提出质疑。

积极：提价通常会阻碍销售，但也有可能带来某些积极的意义。

2. 竞争者的反应

课后练习

一、填空题

1. _____是商品或服务的价值的货币表现。

2. 某种产品的最高价格取决于_____，最低价格取决于_____。

3. 企业定价目标可以分为_____、_____、_____、_____ 4 种类型。

4. 企业的基本定价方法有_____、_____、_____。

二、单选题

1. （   ） 情况下，多数营销者都能积极主动地影响市场价格，而不是价格的被动接受者。

A. 完全竞争　　B. 不完全竞争　C. 完全垄断　　D. 寡头垄断

2. （   ） 情况下，企业只能接受市场竞争中形成的价格，采取随行就市的定价策略。

A. 完全竞争　　B. 不完全竞争　C. 完全垄断　　D. 寡头垄断

3. 以市场对产品的需求强度为基础来制定商品价格的方法叫（   ）定价法。

A. 成本导向　　B. 竞争导向　　C. 需求导向　　D. 行业导向

4. 企业针对消费者的求廉心理，在商品定价时有意定一个与整数有一定差额的价格，这采用的是（   ）形式。

A. 尾数定价　　　　　　　　B. 习惯性定价

C. 招徕定价　　　　　　　　D. 销售时间差别定价

5. 用低价格吸引顾客，满足消费者"求廉"的心理，有意将少数商品降价以招徕吸引顾客的定价方式，如：商场里举行的"一元拍卖活动"，这采用的是（　　）形式。

A. 尾数定价 　　　　　　　　B. 习惯性定价

C. 招徕定价 　　　　　　　　D. 销售时间差别定价

6. 武广高铁一等车票价为 780 元，二等车票价为 490 元，这采用的是（　　）形式。

A. 尾数定价 　　B. 习惯性定价 　　C. 招徕定价 　　D. 分级定价

7. 价格幅度的调整，最重要的考虑因素是（　　）。

A. 消费者的反应 　　　　　　B. 竞争者的反应

C. 行业协会的反应 　　　　　D. 企业高层的反应

8. 处于行业（　　）的产品，随行就市是主要选择。

A. 投入期 　　B. 成长期 　　C. 成熟期 　　D. 衰退期

9. 一般竞争者不会这样解释企业降低产品价格行为背后的原因（　　）。

A. 竞争者可能推测企业正试图悄悄地夺取市场

B. 竞争者可能推测企业经营情况不佳并企图增加销售量

C. 竞争者认为企业可能希望引导整个行业减价以刺激总需求

D. 竞争者认为企业在清理积压商品

10. 以下不属于撇脂定价策略适用条件的有（　　）。

A. 市场上存在一批购买力很强，并且对价格敏感的消费者

B. 暂时没有竞争对手推出同样的产品，本企业的产品具有明显的差异化优势

C. 本企业的品牌在市场上有传统的影响力

D. 当有竞争者加入时，本企业有能力转换定价方法

三、多选题

1. 下列属于价格的表现形式的有（　　）。

A. 购买商品要付货款 　　　　B. 看病要付医疗费

C. 向银行借款要归还本金 　　D. 向银行借款要归还利息

2. 以下属于获利性目标的有（　　）。

A. 获取投资收益目标 　　　　B. 获取合理利润定价目标

C. 获取销售量目标 　　　　　D. 获取最大利润目标

3. 以下属于成本导向定价法的有（　　）。

A. 总成本加成定价法 　　　　B. 目标收益定价法

C. 边际成本定价法 　　　　　D. 盈亏定价法

4. 以下属于需求导向定价法的有（　　）。

A. 理解价值定价法　　　　　B. 习惯定价法

C. 随行就市定价法　　　　　D. 可销价格倒推法

5. 以下属于竞争导向定价法的有（　　　）。

A. 竞争价格定价法　　　　　B. 投标定价法

C. 区分需求定价法　　　　　D. 拍卖定价法

6. 新产品定价策略主要有（　　　）。

A. 撇脂定价　　B. 渗透定价　　C. 满意定价　　D. 尾数定价

7. 以下属于提高价格的方法有（　　　）。

A. 延缓报价　　　　　　　　B. 减少折扣

C. 分别处理产品价目　　　　D. 使用价格自动调整条款

8. 以下哪些情况会导致企业考虑降价（　　　）。

A. 企业急需回笼大量现金　　B. 企业通过降价来开拓市场

C. 通过降价扩大销售　　　　D. 企业生产能力过剩

9. 以下哪些情况企业会发动提价（　　　）。

A. 产品成本增加　　　　　　B. 通货膨胀

C. 产品供不应求　　　　　　D. 营造名牌形象

10. 以下属于地区定价策略的有（　　　）。

A. FOB 原产地定价　　　　　B. 统一交货定价

C. 分区定价　　　　　　　　D. 基点定价

四、判断题

1. 成本是企业定价的最低界限。　　　　　　　　　　　（　　）

2. 当产品价格下降时，需求增加。　　　　　　　　　　（　　）

3. 当产品价格上升时，会刺激产品的市场供应量减少。　（　　）

4. 当商品的需求缺乏弹性时，价格上升会引起需求量的较大幅度的减少。　　　　　　　　　　　　　　　　　　　　　　　　　（　　）

5. 在不完全竞争的情况下，企业通过其差异优势，采取变动价格的价格策略，以寻求较高利益。　　　　　　　　　　　　　　　（　　）

6. 如果新产品只是一个战术型产品，企业仅为追求一时的利润或销量，价格就会"先高后低或高开低走"。　　　　　　　　　　（　　）

7. 替代型或跟风型产品需要根据企业目标灵活定价。　（　　）

8. 采用 FOB 原产地定价，卖方要承担货物运到目的地的费用和责任。　　　　　　　　　　　　　　　　　　　　　　　　　　（　　）

9. 对于追求市场份额的企业来讲，高价格定位是企业的定价方向。　　　　　　　　　　　　　　　　　　　　　　　　　　　（　　）

10. 竞争价格定价法是一种主动定价方法，一般为实力雄厚或独具特色的企业所采用。　　　　　　　　　　　　　　　　　　（　　）

五、判断选择题（请将对应的 ABCD 选项填在横线上）

1. 每件产品成本为 20 元，获利目标为 20%，则定价为 24 元。_____
2. 某小车为扩大市场占有率，本年销售目标提高为 20 万辆，将小车的定价由 15 万调整为 13 万。_____
3. 某香水的定价目标为"世界上最昂贵的香水"。_____
4. 创业街某饮料原来售价为 4 元，现在有一家店铺降至 3.5 元，本店也将价格调整为 3.5 元。_____

A. 获利性目标　　　　　　　　　　B. 销售量目标
C. 应对竞争目标　　　　　　　　　D. 威望目标

六、简答题

1. 影响定价的因素主要有哪些？
2. 区分需求定价法主要包括哪些形式？
3. 折扣定价策略的形式包括哪些？

案例分析

在微波炉市场上，格兰仕素有"价格杀手"、"价格屠夫"的称号。通过多次降价，格兰仕不断抢占竞争对手的市场。格兰仕的绝对低价不仅令消费者趋之若鹜，同时又给竞争对手产生强大的威慑力，最终成就了它在世界微波炉市场上的霸主地位。1996 年 8 月，格兰仕为了扩大自己的市场占有率，率先在全国宣布大幅度降价，降幅达 45%。一些国外品牌的在华经销商及国内的竞争对手没有意识到这是格兰仕抢先一步争夺市场份额的狠招，反而错误而自负地认为格兰仕降价销售是在清理积压品。等到他们醒悟过来时，格兰仕已远远地冲在前面，他们再也无力追赶。通过降价，格兰仕一度创造了超过 50% 的市场占有率，全年的市场占有率也达到了 35%。1997 年春节之后，格兰仕的促销手段更是一招狠过一招，花样翻新、层出不穷。在北京、上海这两座中国最大、最有影响力的城市，格兰仕实施了"买一送一"的营销策略，即买一台微波炉的同时送一台价值 380 元的电饭煲。这项活动取得的成效之大甚至都超出了格兰仕人自己的预期，以至于最后出现了赠品远远不够的情况。正是通过这种降价促销，格兰仕获得了长足的发展。2000 年，格兰仕共生产和销售微波炉 1 200 万台，占中国市场份额的近 70%，占全球市场份额的近 35%，移居全球第一。如此庞大的产销规模，为格兰仕进一步实施总成本领先战略奠定了基础。

思考:

(1) 格兰仕降价的原因是什么?

(2) 格兰仕降价的方法有哪些?

第六章　渠道策略

[学习目标]

1. 掌握分销渠道的概念
2. 熟悉分销渠道的类型
3. 掌握中间商的种类及特点
4. 明确影响分销渠道设计的主要因素
5. 掌握分销渠道设计及管理的策略
6. 了解物流的概念
7. 熟悉物流现代化

[案例导引]

可口可乐在中国的分销渠道体系

可口可乐与中粮集团、嘉里集团、中国香港太古集团合作，至 2007 年，在中国已经建有 29 家瓶装公司、35 个生产基地。旗下有可口可乐、雪碧、酷儿、美汁源等十多个软饮料品牌，由可口可乐中国有限公司（管理型公司，不负责生产）负责各个品牌的规划和建设，即公司由可口可乐、雪碧、酷儿等品牌经理为各自品牌产品的定位、包装、推广等品牌发展负全责。各瓶装公司都有一套完整的产供销组织体系，自主开展生产、采购等日常经营活动，在各自的市场区域内，独自组织自己的销售队伍，发展区域内渠道。这种组织分工模式，保持了品牌的统一性，也保证了各区域销售的独立性，有利于各瓶装公司日常经营管理积极性的发挥，也有利于各自市场区域内渠道的精耕细作。不过也有明显的弊端，如各瓶装公司都是独立法人，是单独的利益主体，相互之间冲突严重。例如，各销售区域边界的窜货屡禁不止；全国性市场推广活动中，各有各的算盘；各种广告、公关费用的分摊，常闹矛盾。最关键的是，对市场竞争的反应不灵敏，如价格、广告政策等必须由可口可乐中国有限公司统一协商后才能决定，往

往贻误战机。

（资料来源：罗建幸．宗庆后与娃哈哈．机械工业出版社）

思考：

（1）什么是分销渠道？

（2）判断可口可乐公司分销渠道的类型。

（3）试分析其分销渠道的优缺点。

（4）针对学生群体，可采用哪些渠道？

第一节 分销渠道概述

一、分销渠道的含义及特征

（一）分销渠道的含义

在市场营销中，市场营销渠道与分销渠道交替使用，两者究竟有什么区别呢？

市场营销渠道，是指配合生产、分销和消费某一产品或服务的所有企业和个人。也就是说，市场营销渠道包括参与产品供产销过程的所有有关企业和个人，如供应商、生产者、中间商以及消费者等。

分销渠道也叫销售渠道或通路，指产品或服务从企业向消费者转移过程中所经过的途径。它主要包括生产者（消费品生产者或生产资料生产者）、中间商（经销商或代理商）以及消费者（生活消费者和生产用户），但不包括供应商和辅助商，如图6-1所示。

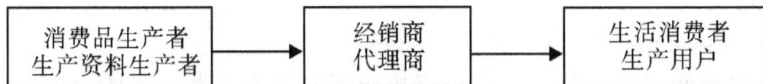

图6-1 分销渠道示意图

在营销渠道中，分销渠道最重要。在市场营销范畴和实际工作中，如果不做特别说明，渠道指的是分销渠道。

要点警句

分销渠道是营销渠道的一部分。

（二）分销渠道的特征

（1）分销渠道的起点是企业，终点是消费者或用户。

（2）参与者是商品流通过程中各种类型的中间商。

（3）是由生产者、中间商、消费者构成的整体。

（4）不仅生产者的经济利益得到了实现，同时经销商、中间商的经济利益也得以实现。

要点警句

分销渠道起点是生产者，终点是消费者或用户。

二、分销渠道的功能

分销渠道作为商品从生产者转移到消费者的通道，主要具有以下功能：

1. 沟通信息

首先，通过分销渠道能够收集与商品生产和经营有关的各类信息，以便更好地按消费者需要生产和经营；其次，它也将有关商品信息传递给消费者，引导和方便消费者购买；再次，它能够促成新的消费要求，从而达到促销的目的。

2. 促进销售

通过分销渠道开展人员推销、广告、公关活动及其他促销活动促进商品的销售。

3. 接洽谈判

通过分销渠道的中间商为生产者寻找、物色潜在买方，并和买方进行接洽，通过谈判、签订合同最终使得交易条件得以实现，实现商品所有权的转移。

4. 实体分销

即储藏和运输商品，其中包括按照买方的要求对商品的分等、分类、包装、统配等一系列活动。

要点警句

分销渠道承担最本质的功能是完成产品从生产者到消费者的所有权转移。

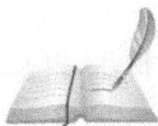

课堂练习

1. 下列不属于分销渠道功能的有（   ）。（单项选择题）

A. 实体分销   B. 接洽谈判   C. 制定价格   D. 沟通信息

2. 开展人员推销、广告、公关活动及其他促销活动，这是分销渠道功能中的（   ）。（单项选择题）

A. 沟通信息   B. 促进销售   C. 洽谈生意   D. 分配实体

三、分销渠道的类型

（一）长渠道和短渠道

长渠道和短渠道是根据中间环节层次的多少来划分的。分销渠道的长度是指产品从企业到最终消费者（用户）的转移过程中所经历的中间环节数。在产品从生产者转移到消费者的过程中，任何一个对产品拥有所有权或负有推销责任的机构，都可视为一个渠道层次，如图6-2。

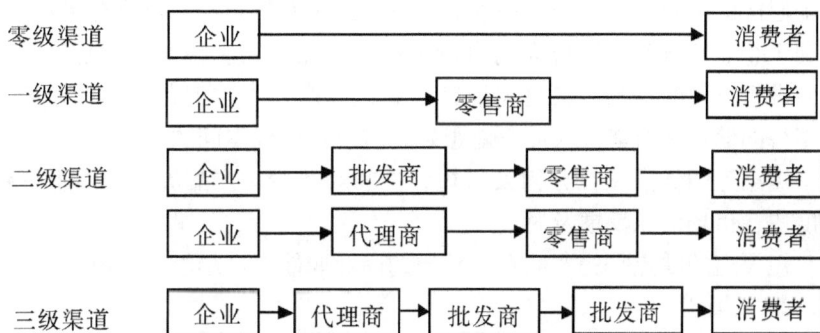

图6-2　分销渠道类型

1. 短渠道

短渠道又包括零级分销渠道和一级分销渠道。

（1）零级分销渠道。

这种分销模式也叫直接分销渠道，简称直销，是指产品不经过任何中间环节，直接由企业供应给消费者。它是一种最简便、最短小的渠道。

大量的生产设备、零部件、原材料等都采用直销。另外，在鲜活食品和服务业等消费市场上直销也占有重要地位。近年来，随着电子商务的发展，直销商品的范围进一步扩大，但网上销售不等于直销。

直接分销渠道的优点是产销直接见面，中间环节少，产品流通费用较低，有利于企业把握市场信息。

缺点是使得生产者在产品销售上需要花费大量的人力、物力和财力，销售范围受到较大限制，不利于企业开展以规模化为基础的专业性分工，降低了整体效率。

［例］江苏徐州重工集团产品销售就是采取直接分销的渠道策略。

［例］美国戴尔公司开创的计算机直销取得了巨大的成功，见图6-3。

图6-3　戴尔公司网站销售平台

（2）一级分销渠道。

这是最常见的一种销售渠道。这种模式是指企业和消费者之间只经过一个层次的中间环节的分销渠道。其特点是中间环节少，产品分销渠道短，有利于企业充分利用零售商的力量来扩大产品销路。缺点：一是需要对零售商进行有效的控制；二是大规模专业化生产与零散消费之间的矛盾，即因零售的储存不可能太大而不能很好地解决存储成本问题。

短渠道的优点是：分销渠道短，中间环节少，产品流转成本低，销售速度快，市场信息反馈及时。

短渠道的缺点是：产品企业承担的商业职能多，难以大规模拓展市场。

2. 长渠道

长渠道包括二级分销渠道、三级分销渠道。

（1）二级分销渠道。

二级分销渠道又可分为：

①二级经销渠道。这是一种传统的也是常用的分销模式。这种模式是指在企业与消费者之间经过批发商、零售商两个层次的中间环节的分销渠道。

②二级代理分销渠道。这种分销模式也是在企业与消费者之间经过代理商、零售商两个层次的中间环节的分销渠道。

（2）三级分销渠道。

这种模式是指在企业与消费者之间经过代理商、批发商、零售商3个层次的中间环节的分销渠道。有些消费品技术性强，又需要广泛推销，多

采用这种分销渠道。

长渠道比较突出的优点是：能高效开拓市场并分散经营风险。

长渠道比较突出的缺点是：渠道长，中间环节多，市场控制性差，产品成本增加，失去低价优势。

（二）宽渠道和窄渠道

宽渠道和窄渠道是根据同一层次中间商数目的多少来划分。分销渠道的宽度取决于产品流通过程中每一个层次利用同种类型中间商的数目。

1. 宽渠道

是指企业在某一目标市场上尽可能多地选择中间商来销售自己的产品。

宽渠道的优点是：可以迅速地把产品推向市场，消费者可以更便利地买到产品，可以促使中间商展开竞争。

宽渠道的缺点是：中间商缺乏约束，不愿意花费更多精力促销。

2. 窄渠道

是指企业在某一目标市场上只选择一个或少数几个中间商来销售自己的产品。

窄渠道的优点是：企业与中间商关系紧密，中间商为独家利益愿意通力合作，便于产品上市。

窄渠道的缺点是：产品销售范围窄，市场占有率低，不便于消费者购买。

通常在确定中间商数目时，有3种可供选择的形式，即密集分销、选择分销和独家分销。

1. 密集分销

所谓密集分销，也称广泛分销，指企业尽可能多地通过许多负责任的、适当的批发商、零售商推销其产品。消费品中的便利品和产业用品中的供应品通常采取密集分销，使广大消费者能随时随地买到。

［例］康师傅方便面、高露洁牙膏。

2. 选择分销

所谓选择分销，是指企业在某一地区仅通过少数几个精心挑选的、最合适的中间商推销其产品。相对而言，消费品中的选购品和特殊品较适用于选择分销。

［例］国美电器、苏宁电器。

3. 独家分销

所谓独家分销，是指企业在某一地区仅选择一家中间商推销其产品。通常双方要签订独家经销合同，规定经销商不得经营竞争者产品，以便控制经销商的业务经营，调动其经营积极性。这种一般适用于市场范围窄，用户数量有限或很专业化的企业。

［例］海天堂龟苓膏、可口可乐。

（三）垂直分销系统、水平分销系统和多渠道分销

垂直分销系统、水平分销系统和多渠道分销系统是根据渠道成员不同的联合方式划分的。分销渠道不是一成不变的。随着市场经济的发展和企业在竞争中的逐渐成熟，促使新的分销组织形式的不断出现，逐步形成了现代分销渠道系统。

1. 垂直分销系统

垂直分销系统是近年来渠道发展中最重大的发展之一，它是作为传统营销渠道的对立面而出现的。传统分销渠道由独立的生产者、批发商和零售商组成。该渠道成员之间是独立的经营者，它们各自为政，各行其是，追求自身利益以获取最大利润。这种分销系统盲目地以市场竞争的力量来调节产品分销渠道的矛盾，增加了分销过程的不确定性，不利于制造商控制其产品的分销过程。

垂直分销系统则相反，它是由生产者、批发商和零售商所组成的一种统一的联合体。某个渠道成员拥有其他成员的产权，或者是一种特约代营关系，或者这个渠道成员拥有相当实力，迫使其他成员合作。垂直分销系统可以由生产者、批发商、零售商中的任一组织担任支配者。这种系统的特征在于专业化管理和集中执行的网络组织，他们有计划地取得规模经济和最佳市场效果。垂直分销系统有利于控制渠道行动，消除渠道成员为追求各自利益而造成的冲突。它们能够通过其规模，谈判实力和重复服务的减少而获得效益。

［例］如可口可乐饮料公司特许各个市场上的装瓶商购买该公司的浓缩饮料，然后由装瓶商充碳酸气，装瓶，再把它们出售给本地市场的零售商。

［例］出租汽车行业，快餐服务行业和旅馆行业，由一个服务公司组织整个系统，以便将其服务有效地提供给消费者。

2. 水平分销系统

另一个分销渠道是由两个或两个以上的公司联合开发一个营销机会。这些公司缺乏资本、技能、生产或营销资源来独自进行商业冒险，或发现与其他公司联合开发可以产生巨大的协同作用。公司间的联合行动可以是暂时性的，也可以是永久性的，也可以创立一个专门公司，这被称为共生营销。

3. 多渠道分销系统

过去，许多公司只使用单一渠道进入单一的市场。今天，随着顾客细分市场和可能产生的渠道不断增加，越来越多的公司采用多渠道营销。这是指一个公司建立两条或更多的营销渠道以达到一个或更多的顾客细分市场时的做法。

多渠道系统的形式主要有：

（1）企业通过两条以上的竞争性分销渠道销售同一商标的产品；

（2）企业通过多条分销渠道销售不同商标的竞争性产品；

（3）通过多条分销渠道销售服务内容与方式有差异的产品，以满足不同消费者的需求。

要点警句
网上销售不等于直销。

趣味讨论
1. 家庭自制熟食产品在市场上销售应该选择哪种分销渠道？
2. 你是如何看待出租车管理公司收取较高的管理费问题？

课堂练习
雅芳公司（Avon）采用（　　）分销策略。（单项选择题）
A. 零级分销渠道　　　　　　B. 一级分销渠道
C. 二级分销渠道　　　　　　D. 三级分销渠道

第二节　中间商

中间商是指在企业与消费者之间，专门从事产品流通活动的经济组织或个人，或者说是企业向消费者出售产品的中间机构。

传统中间商按其是否拥有商品所有权，可以将中间商分为经销商和代理商。

一、经销商

经销商是指从事商品流通业务并拥有商品所有权的中间商。经销商在商品买卖过程中拥有产品所有权，因此，在买卖过程中要承担一定的经营风险，如批发商、零售商。

（一）批发商

批发是专门从事大宗商品交易的商业活动。批发是零售的对称，是商品流通中不可缺少的一个环节。通常有两种情况：①商业企业将商品批量售给其他商业企业用作转卖；②商业企业将用作再加工的生产资料供应给生产企业。

批发商是指向生产企业购进产品，然后转售给零售商等，不直接服务于个人消费者的商业机构。主要有3种类型：专业批发商、综合批发商和批发市场。

专业批发商即专门经营某一类或某一种商品的批发商。

综合批发商即经营多类商品的批发商。

批发市场也称批发交易市场，它是由多个批发企业组成的联合体，或以某类商品为中心集结多家批发商，共同开展批发业务。

（二）零售商

零售是指所有向最终消费者直接销售产品和服务，用于个人及非商业性用途的活动。它具有以下特征：交易对象是最终消费者；交易活动是零星地、频繁地进行的；处于产品流通的最后环节。

零售商是指面向广大消费者，直接为消费者服务的组织和个人。

从经营形式上看，目前零售商的类型主要分为商店零售、无店铺零售和零售组织3种。

1. 商店零售

商店零售又称为有店铺零售，特点是在店内零售产品与服务。最主要的类型有专用品商店、百货商店、超级市场、便利店、超级商店、折扣店和仓储商店7种。

［例］7-11便利店、商场。

图6-4 7-11便利店、商场

2. 无店铺零售

无店铺零售是指不经过店铺销售产品的零售形式。由于科技发展及竞争关系，越来越多的企业采用无店铺零售的方式出售产品，其中最普遍的有直销、直复营销、自动售货等。

［例］电视直复营销。

3. 零售组织

零售组织是以多店铺联盟的组织形式来开展零售活动的。参与组织的商店可以是同一个所有者开办的若干店铺，也可以是不同所有者的若干商店。通过商店之间的联合，可以避免过度竞争，提高零售的规模经济效益，节约成本。具体形式主要有连锁商店和特许经营。

［例］顺德区容桂街道天佑城CBD，见下图。

图6-5 顺德区容桂街道天佑城

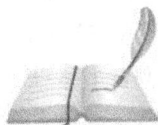

课堂练习

向最终消费者直接销售产品和服务，用于个人及非商业性用途的活动属于（　　）。（单项选择题）

A. 批发　　　　B. 零售　　　　C. 经销　　　　D. 代理

二、代理商

代理商是指接受生产者的委托,从事销售业务,但不拥有商品所有权的中间商。故此,代理商不承担经营风险。通常可分为制造代理商、销售代理商、采购代理商、佣金商。

(1)制造代理商。他们代表着两个或多个互补的产品线的制造商,并利用其广泛的关系来销售制造商的产品。

(2)销售代理商。在纺织、木材、食品、服装等行业,他们在签订合同的基础上,为委托人销售特定产品。

(3)采购代理商。他们长期为客户代理采购,消息灵通,往往可以买到最低价格。

(4)佣金商。又叫佣金行,是对产品实体具有控制力并参与销售协商的代理商。多数代销农副产品。

进入 21 世纪,蓬勃发展的互联网对传统的中间商产生了巨大的冲击。在互联网环境下,中间商不再仅仅是实体的,而是虚实相结合的,甚至是完全虚拟的。新型中间商不断兴起,比如制造商、零售商网络平台、网上零售商、网络中间商等如雨后春笋般涌现出来。

(一)制造商、零售商网络平台

传统的制造商和零售商建立互联网站点,赋予网站销售功能,从事网上直销。如:海尔电子商务网站(http://www.haier.com),沃尔玛超市(http://www.wal-martchina.com)。

(二)网上零售商

这是运用互联网技术,完全虚拟的网上零售店。

[例] 当当网 1999 年 11 月开通,目前是全球最大的中文网上图书音像商城,面向全世界中文读者提供近 30 多万种中文图书和音像商品。当当网通过互联网营造出一种独特的购物环境,消费者在网上可以任意检索、预览和购买任何商品。当当网在线销售的商品包括了家居百货、化妆品、数码、家电、图书、音像、服装及母婴等几十个大类,逾百万种商品,在库图书达到 60 万种。目前每年当当网新增注册用户有近千万,遍及全国 32 个省、市、自治区和直辖市。每天有上万人在当当网买东西,每月有 3 000 万人在当当网浏览各类信息,当当网每月销售商品超过 2 000 万件。

图6-6 凡客诚品网、当当网

（三）网络中间商

网络中间商不直接经销产品，而是搭建一个买卖双方在网上接触的平台。

[例] 淘宝网就是一个网络中间商，它由阿里巴巴集团投资创办。目前，淘宝网是亚洲第一大网络零售商圈，其目标是致力于创造全球首选网络零售商圈。通过结合社区、江湖、帮派来增加网购人群的黏性，并且采用最新团网购模式，让网购人群乐而忘返。淘宝网目前业务跨越 C2C（Consumer to Consumer，消费者对消费者）、B2C（Business-to-Consumer，商家对消费者）两大部分。目前对于很多传统企业来说，做电子商务就是在淘宝开店，销量也绝大部分来源于淘宝。但长远来说，从传统大型企业做电子商务战略层面上看，淘宝只能作为一个销售渠道，不能作为唯一的渠道，还需要发展自己的全方位渠道，争取未来的主动权。

趣味讨论
要如何成为一名淘宝店主？

第三节　分销渠道策略

对于生产者来说，在熟悉分销渠道类型，明确分销渠道中各种中间商类型的特点、功能及业务性质的基础上，还必须科学地进行渠道选择和决策。一般来说，要选择一条有效的渠道，首先必须分析影响分销渠道选择的因素，然后进行分销渠道的设计，最后还要完成分销渠道的管理工作。

一、分销渠道设计的影响因素

有效的渠道设计以确定企业所要达到的市场为起点。原则上讲，目标市场的选择并不是渠道设计的问题。然而事实上，市场选择与渠道选择是相互关联的，有利的市场加上有力的渠道才能使企业获得利润。影响分销渠道的因素很多，企业必须进行系统的分析和判断才能作出合理的选择。

（一）市场因素

市场因素在渠道策略中起着举足轻重的作用。其对渠道的影响主要通过以下四个方面来实现：

1. 市场规模

市场规模，也就是市场的潜在顾客数目。市场规模直接决定着渠道的长短和宽度。一般而言，规模越大，可更多的借助中间商进行销售，渠道的长度和宽度会相对更大一些。

［例］牙膏、肥皂等日用品多采用较长、较宽渠道。

2. 市场在地理上的分散程度

市场在地理上的分散程度是由每单位区域面积上的销售量决定的。市场的地理分散程度越高，渠道的控制就越难，费用也相应较高，相对来讲长渠道比较合适。

［例］米、面等日用消耗品宜采用长渠道策略。

3. 市场的主要购买方式

了解消费者习惯于哪种购买方式对于渠道的结构也十分重要。比如说，中国的顾客就习惯于在商店里购买商品。如果制造商采用直接上门推销的方法就可能事倍而功半。

4. 竞争状况

一般来说，同类产品应与竞争者采取相同或相似的销售渠道；在竞争特别激烈时，则应寻求有独到之处的销售渠道。

［例］康师傅方便面与统一方便面采用同种销售渠道。

（二）产品因素

1. 产品的价值和重量

笨重的、价值高的商品往往意味着高的装运成本和高的重置成本，因此一般而言，高价值、笨重的商品往往采用较短的渠道结构。

［例］日立电梯采用短渠道。

2. 产品的耐腐性

产品是否会迅速地腐烂是一个在实体运输和储存中非常关键的问题。如果产品十分容易腐烂，那么渠道的长度就不宜太长，而应该采用短而迅

速的渠道结构。鲜活产品的渠道一般都较短就是这个道理。

[例] 海鲜、化学物品多采用短渠道。

3. 产品标准化程度

一般而言渠道的长度与宽度是与产品的标准化程度成正比的。产品的标准化程度越高，渠道的长度也越长，宽度也越大。

4. 产品的技术特性

一个高技术的产品往往会采用公司的销售员向目标顾客直接销售的方法。因为中间商可能对产品的各项性能不是很了解，有可能误导顾客，为以后埋下隐患。

[例] 大型机床采用短而窄的渠道销售。

5. 产品的创新程度、时尚性

许多新产品进入市场都需要进行广泛而深入的宣传促销活动，而且需要公司随时掌握市场的变化情况。因此，在实际销售工作中，短渠道被视为产品进入市场时期最好的渠道结构。另外，式样、花色多变，比较时尚的产品，也多采用较短渠道。

课堂练习

葡萄在运输过程中一般选择（　　　　）。（单项选择题）

A. 短渠道　　　　B. 长渠道　　　　C. 宽渠道　　　　D. 窄渠道

（三）企业因素

1. 企业的规模和资金实力

不同渠道结构的选择范围受到企业本身规模大小的限制。这是由于小的企业往往难以获得理想的中间商的支持，而大的企业则不必担心没有中间商加入他们的渠道。财力薄弱的企业一般采用"佣金制"的分销方法，尽量利用愿意并能吸收部分储存、运输和融资等成本费用的中间商。

2. 企业的基本目标和政策

企业的目标和政策在很大程度上决定了企业在渠道结构策略中所采取的政策和态度。如果企业追求的是严格控制，那么企业就会要求减少中间商的数目，以加强自身的权力集中程度。

3. 管理的专业水平和渠道经验

有一些企业缺乏必要的进行渠道活动的能力，在这种情况下，寻找一个能够提供良好服务和配合的中间商就显得十分重要。同时，企业过去的渠道经验也会影响渠道的设计。曾经通过某种特定类型中间商销售产品的企业，会形成渠道偏好。

（四）中间商因素

1. 中间商的能力

中间商的能力在很大程度上影响着渠道策略。如果中间商的能力不能令企业感到放心，那么企业有可能宁可增加成本进行直接销售，而不愿采用中间商来进行销售。

2. 利用中间商的成本

如果企业认为中间商进行销售或向企业提供的服务小于企业的付出，那么企业对渠道的选择就有可能偏向于减少中间商的数目。毕竟企业采用渠道的目的是降低自己的成本与不便。

3. 中间商的服务

企业总是希望能用最为合理的价格获得最多的来自于中间商的服务。但评价中间商服务的优劣往往是从企业的直观感觉出发的，带有较强的主观性，所以在渠道结构的设计中这是一个需要谨慎对待的问题。

趣味讨论

某企业生产椅子，每把成本为 24 元，直接销售每把零售价格为 32 元，销售费用为 2 400 元；间接销售每把出厂价 28 元。企业要如何决定分销策略呢？

（资料来源：冯金祥，张再谦. 市场营销知识. 高等教育出版社）

（五）环境因素

从微观上看，竞争对手的分销渠道策略影响着企业的渠道选择。企业大多尽量避免使用与竞争对手相同的分销渠道，但不完全如此。

［例］云南蒙自源过桥米线，它反而将自己的产品和康师傅的方便面摆在一起卖，以供消费者选择。

从宏观上看，经济形势有较大的制约作用。经济景气，形势看好，企业选择销售渠道的余地就较大；当出现经济萧条、衰退时，市场需求下降，企业就必须减少一些中间环节，使用较短渠道。此外，国家的政策、法律，例如反垄断法、税法等，都会影响到销售渠道的选择。

要点警句

有效的渠道设计以确定企业所要达到的市场为起点。

趣味讨论

2008 年的金融风暴会对哪些产品的分销渠道产生影响？请举例说明。

课后思考

顺德生产的"美的"电磁炉畅销全国乃至全球，该产品选择的分销渠道是什么？为什么？

二、分销渠道的设计

渠道设计是指建立以前从未存在过的营销渠道或对已经存在的渠道进行变更的策略活动。设计一个渠道系统要求分析渠道服务产出水平、设置和协调渠道目标、明确渠道的任务和备选方案以及评估分销渠道方案。下面是进行渠道设计的一般步骤。

（一）分析渠道服务产出水平

渠道服务产出水平是指营销人员必须了解为目标顾客设计的服务产出水平——人们购买一个产品时，想要的和期望的服务类型和水平。这是设计分销渠道的第一步，其目的是了解在其所选择的目标市场中消费者购买什么商品（What）、在什么地方购买（Where）、为何购买（Why）、何时买（When）和如何买（How）。

通常渠道可以提供以下服务产出：

（1）批量的大小。所谓批量是分销渠道在购买过程中提供给典型顾客的单位数量。一般而言，批量越小，由渠道所提供的服务产出水平越高。

（2）渠道内顾客的等候时间，即渠道顾客等待收到货物的半均时间。顾客一般喜欢快速交货渠道，但是快速服务要求一个高的服务产出水平。

（3）分销渠道为顾客购买产品所提供的方便程度，也就是空间便利的程度。如果顾客能够不需要花费很大的精力就能获得想要的产品或服务，那么我们认为这个渠道的空间便利程度是较高的。

（4）分销渠道提供的商品花色品种的宽度。一般来说，顾客喜欢较宽的花式品种，因为这使得他们满足需要的机会增多了。

（5）被称为服务后盾的因素。服务后盾是指渠道提供的附加的服务（信贷、交货、安装、修理）。服务后盾越强，渠道提供的服务工作越多。

（二）设置和协调渠道目标

渠道设计问题的中心环节是确定到达目标市场的最佳途径。所谓渠道目标，是企业预期达到的顾客服务水平以及中间商应执行的职能等。所以每一生产者都必须在顾客、产品、中间商、竞争者、企业政策和环境等形成的限制条件下，确定渠道目标。

渠道策略作为公司整体策略的一部分，还必须注意与渠道的目标、其他营销组合策略的目标（价格、促销和产品）以及公司其他方面的目标（如财务、生产等）相协调，避免产生不必要的矛盾。

（三）明确渠道的任务和备选方案

在渠道的目标设置完成之后，渠道设计者还必须将达到目标所需执行的各项任务（一般包括购买、销售、沟通、运输、储存、承担风险等）明确地列出来。渠道任务的设计中应反映不同类型的中介机构的差异，以及它们在执行任务时的优势和劣势。

在确立了渠道任务后，设计者就需要将这些任务合理地分配到不同的营销中介机构中去，使其能够最大程度地发挥作用。由于不同的设计有不同的优劣之处，因此我们可以产生若干个渠道结构的可行性方案。渠道的备选方案涉及两个基本问题：一是中间商类型与数目；二是渠道成员的特定任务。

（四）评估分销渠道方案

在这一阶段，需要对几种初拟方案进行评估并选出能满足企业长期目标要求的最佳方案。评估标准主要有3项：经济性、可控性和适应性。

1. 经济性标准

3项标准中，经济性标准最为重要。它主要是指每一条渠道的销售额与渠道成本之间的关系。在正常情况下，不同的分销渠道方案会有不同的销售额与渠道成本，生产者应对此作出评估。判断一个方案好坏的标准，不应只是能否导致较高的销售额和较低成本费用，而是能否取得最大利润。一般说来，规模较小的企业或在较小市场从事营销的大企业，还是利用销售代理商为宜。

2. 可控性标准

在销售渠道的可控性方面，生产者自己直接销售的可控性肯定要高于利用销售代理商。这是因为销售代理商是独立的商业企业机构，它有自身的经济利益，因而只注重对商品购买有重大影响力、能为它带来最高收益的客户，而对一般生产者的产品不会特别重视。此外，销售代理商对生产者产品的技术细节可能不甚了解，也很难有效地协助生产者开展促销活动。对此，生产者需要进行多方面的利益比较和综合分析。

3. 适应性标准

评估渠道方案还要考虑自身是否具备适应环境变化的能力。生产者利用销售代理商，可能要与其签订几年的合同，如果在此期间市场环境发生

变化，这些承诺将降低生产者的灵活性和适应性。

趣味讨论

格兰仕集团新推出空调产品，请问将如何选择分销渠道？

三、分销渠道的管理

在选定分销渠道方案后，企业还需要完成一系列的管理工作，包括：

（一）选择渠道成员

为选定的渠道招募合适的中间商，这些中间商就成为企业产品分销渠道的成员。一般来说，那些知名度高、享有盛誉、产品利润大的生产者，可以毫不费力地选择到合适的中间商。而那些知名度较低，或其产品利润不大的生产者，则必须费尽心机，才能找到合适的中间商。不管是容易还是困难，生产者挑选中间商时均应注意以下基本条件：

（1）中间商能否接近企业的目标市场；

（2）中间商地理位置是否有利；

（3）中间商市场覆盖面有多大；

（4）中间商对产品的销售对象或使用对象是否熟悉；

（5）中间商经营的商品大类中，是否有相互促进的产品或竞争产品；

（6）中间商资金量大小，信誉高低，营业历史的长短及经验是否丰富；

（7）中间商拥有的业务设施（例如交通运输、仓储条件）情况如何；

（8）中间商从业人员的数量多少，素质的高低如何；

（9）中间商销售能力和售后服务能力的如何；

（10）中间商管理能力和信息反馈能力的强弱如何。

（二）激励渠道成员

各渠道成员的结合，是他们根据各自的利益和条件互相选择，并以合同形式规定应有权利和义务的结果。

一般说来，各渠道成员都会为了各自的利益努力工作，但是由于中间商是独立的经济实体，与生产者所处的地位不同，考虑问题的角度也不同，必然会产生矛盾。生产者要善于从对方的角度考虑问题，要明白中间商不是受雇于己，而是一个独立的经营者，有其自身的目标、利益和策略。

中间商首先是顾客的采购代理，其次才是生产者的销售代理，只有顾客愿意购买的产品，中间商才有兴趣经营。中间商一般不会对各品牌分别做销售记录，有些原始资料也不一定会注意保存，除非给予特殊的激励。

因此，生产者要制定一些考核和奖励办法，对中间商的工作及时进行监督和激励，必要时也可给予惩罚。对于经营效果较好的中间商，应争取建立长期产销合作关系，也可派专人驻店协助推销并收集信息。

激励中间商的基本点是了解中间商的需要，并据此采取有效的激励手段。企业在处理与中间商的关系时，通常可采取 3 种方法：合作、合伙与经销规划。

1. 合作

大多数生产者为取得与中间商的合作，采用"胡萝卜加大棒"政策，软硬兼施。一方面使用积极的激励手段，如高利润、特殊优惠待遇、广告津贴等；另一方面，采用制裁措施，对表现不佳或工作消极的中间商则降低利润率、推迟供货或终止合作关系等。这种政策的缺点是没有真正了解中间商的长处和短处，不关心他们的实际需要和出现问题的真正原因，自然难以收到预期的效果。

2. 合伙

生产者着眼于与中间商建立一种长期的合伙关系，达成一种协议。首先生产者要仔细研究并明确自己应该为中间商做些什么，如产品供应、市场开发、售后服务、销售折扣等；也要让中间商明确其责任和义务，如提高市场占有率、市场潜量以及应提供的咨询服务和市场信息等，然后根据协议执行情况对中间商支付报酬并给予必要的奖励。

3. 经销规划

这是一种最先进的激励方式，主要是建立一个有计划的、实行专门化管理的垂直分销系统，把生产者和中间商的需要结合起来。生产者在其营销部门中设立一个分销关系规划室，专门负责与中间商的关系规划，其任务是了解中间商的需要，制订交易计划，帮助中间商实现最佳经营。

总之，企业对中间商应当贯彻"利益均沾，风险共担"的原则，尽力缓和矛盾，密切协作，共同搞好营销工作。对渠道成员的激励是协调、管理分销渠道，使之有效运作的重要一环。目前，企业采用的激励方式很多，而且还在不断创新。

（三）评估渠道成员

对中间商的工作绩效要定期评估。评估标准一般包括销售指标完成情况、平均存货水平、产品送达时间、服务水平、产品市场覆盖率、破损品处理、促销和培训计划的合作情况、货款返回情况、信息的反馈程度等。

一定时期内各中间商实现的销售额是一项重要的评估指标。生产者可将同类中间商的销售业绩排名，目的是促进落后者进步，领先者努力保持绩效。但是，由于中间商面临的环境有很大差异，各自规模、实力、商品经营结构和不同时期的重点不同，有时通过销售额排名进行评估往往不够客观。这就需要企业根据实际情况正确操作。正确评估渠道成员的目的在

于及时了解情况，发现问题，保证营销活动顺利而有效地进行。

（四）调整分销渠道

企业的分销渠道在经过一段时间的运作后，往往需要加以修改和调整。原因主要有消费者购买方式的变化、市场扩大或缩小、新的分销渠道出现、产品生命周期的更替等。另外，现有渠道结构通常不可能总是在既定的成本下带来最高效的产出，随着渠道成本的递增，也需要对渠道结构加以调整。渠道的调整主要包括 3 种方式：增减渠道成员、增减分销渠道的数量、变动分销系统。企业的现有分销渠道是否需要调整，调整到什么程度，取决于分销渠道和分销任务是否平衡。如果矛盾突出，就要通过调整解决问题，从而恢复平衡。

要点警句

经销规划是一种最先进的激励方式。

中间商首先是顾客的采购代理，其次才是生产者的销售代理。

趣味讨论

"胡萝卜加大棒"政策是什么意思？

课堂练习

下列不属于企业在处理与中间商的关系时采取方法的是（ ）。（单项选择题）

A. 合作　　　　B. 合伙　　　　C. 经销规划　　　D. 物质激励

课后思考

1. 影响分销渠道选择的因素有哪些？
2. 如何进行分销渠道的管理？
3. 怎样激励渠道成员？

第四节　物流策略

一、物流的含义与职能

（一）物流的含义

所谓物流，是指通过有效地安排商品的仓储、管理和转移，使商品在需要的时候到达需要地点的经营活动。物流是一个相当宽泛的概念，它包括物体的运输、配送、仓储、包装、搬运装卸、流通加工，以及相关的物流信息等环节。物流对于降低成本、增强竞争力、提供优质服务、促进和便利顾客购买、提高效益，均具有重要意义。

物流包括许多具体活动，人们进行物流的方式也多种多样，但不管用什么样的方式进行物流活动，都需要具备 3 个基本要素。

1. 流体

流体即物流中的"物"，分销渠道中的"物"就是产品实体。产品具有自然属性，即物理、化学、生物属性；还有社会属性，即产品的价值，以及生产者、采购者、物流作业者与销售者之间的各种关系。因此，物流既要保护产品实体的自然属性不受损害，又要使其社会属性不受影响。

[例] 在运送雪糕的途中要注意雪糕不能融化，这就是保护产品的自然属性不受影响。

2. 载体

载体是指产品实体借以流动的设施和设备。载体分成 2 类：一类是指基础设施，如铁路、公路、水路、港口、车站、机场等；另一类是指直接盛载并运送实体的设备，如车辆、船舶、飞机、装卸和搬运设备等。物流载体的状况，尤其是物流基础设施的状况直接决定着物流的质量、效率和效益。

3. 流向

流向是指产品实体从起点到止点的流动方向。流向一般包括 3 种：一种是自然流向，指根据产销关系所决定的商品的流向，这表明一种客观需要，即商品要从产地流向销地；二是市场流向，指根据市场供求规律由市场确定的商品流向；三是实际流向，指在物流过程中实际发生的流向。

对某种产品而言，可能会同时存在着以上几种流向，如根据市场供求关系确定的商品流向是市场流向，实际发生物流时还需根据具体情况来确定运输路线和调运方案，这才是最终确定的流向，是实际流向。在确定物流注射时，理想的状况是商品的自然流向与商品的实际流向相一致，由于

载体的原因，导致商品的实际流向经常偏离自然流向。

图6-7 物流要素图解

根据市场供求关系确定的产品流向是市场流向，而这流向又反映了产销之间的必然联系，是自然流向。实际发生实体转移时还需根据具体情况来确定运输路线和调运方案，这又是实际流向。

物流的流体、载体和流向三要素之间有极强的内在联系，进行物流活动时要注意处理好三要素之间的关系。

（资料来源：http：//www.docin.com/p-432971205.html）

（二）物流的职能

物流的职能是将产品由生产地转移到消费地，从而创造地点效用。它不仅包括运输（配送）、仓储保管、包装、装卸、流通加工，而且包括开展这些活动过程所伴随的物流信息处理。它以企业销售预测为开端，并以此为基础规划生产水平和存货水平。

要点警句

"流"，实质上是一种经济活动。

二、存货与运输策略

（一）存货决策

存货水平是影响顾客满意程度的一个重要物流策略，但公司存货过多，成本效益就会出现问题。存货策略需要考虑成本与服务之间的平衡。存货决策主要包括订购点决策和订购量决策。适当的进货时间和进货数量，不仅可以保证商品的及时供应，提高服务质量，降低经营风险，还可以减少不必要的费用。

1. 订购点决策

它是进货时间决策常用的方法。该方法的原理是：两次进货期间，商品存货量会因销售而减少，为保证商品供应，当商品存货量下降到一定数量时，就需要再进货，否则就会脱销。这一存货量水平就称为订货点。订货点取决于订购前置时间、使用率、服务水平及其他因素。

订购点决策，是企业寻求最低的存货水平的较好方法。当存货达到这一水平时，就须发出新订单。在使用率越高、订购前置时间越长以及在使用率及订购前置时间变动的条件下，服务水平越高，则订购点也应越高。总之，订购点是由平衡缺货的风险和存货的成本所决定的。订购点的计算公式为：

订购点 = 日均销量（出库量）× 订购前置时间 + 安全存货量

［例］学校小卖部在夏天，每天的雪糕销售量是 200 支，需提前 2 天向批发商订购，一般要留 300 支作为安全存货量，那么当雪糕的存货为 200 × 2 + 300 = 700 支时，应向批发商订购。

2. 订购量决策

订购量的决策直接影响企业的订购频率。订购量越大，购买频率越低。每次订购要花费成本费用，但保留大量存货也需要成本费用。这要求既保证企业经营活动的正常进行，又要使总库存费用（包括订购费用和保管费用）最小。

（二）运输决策

运输是指借助各种运力实现商品空间位置上的转移。运输决策的主要内容，包括根据运输商品对于运输时间与运输条件的具体要求，选择适宜的运输方式（如铁路、水路、公路、航空、管道等）。此外，还要决定发运的批量、送货的时间以及行走的路线等。如上所述，企业可作以下选择：

1. 铁路运输

铁路运输是最重要的货运方式之一。铁路可以用来整车装运大宗散装产品。但是，铁路运输的收费标准比较复杂。一般来说整车运输收费标准最低，而零散货运收费则较高。因此，生产商可将发往相同目的地的货物合并配载运输，以利用整车费用低的优势。

［例］利用铁路可以运输煤、沙、矿物和农林产品等，见图 6 - 8。

2. 水运

水运主要包括轮船运输、沿海驳船运输和内陆水路驳船运输。水运适

合运输体积大、价值低、不易腐烂的产品。水运的成本很低，但这一运输方式的速度慢，并且容易受到气候条件的影响。

〔例〕利用水运运输煤、沙、石油和金属矿等，见图 6-8。

3. 卡车运输

卡车运输是在公路上运送旅客和货物的运输方式。这类运输在运输业中所占的比重一直稳步上升。在地势崎岖、人烟稀少、铁路和水运不发达的边远和经济落后地区，卡车为主要运输方式，起着运输干线的作用。特点是建设周期短，投资省，见效快，对自然条件的适应性较强，运输工具机动灵活。

4. 管道运输

管道运输是一种专门由生产地向市场输送石油、煤和化学产品的运输方式。管道运输石油产品比水运运费高，但仍比铁路运输便宜，大部分管道都是被其所有者用来运输其自有产品。

5. 空运

空运在运输业中所占比重比较低，但其重要性越来越明显。虽然空运费用比铁路运输或水运高得多，但是如果要求迅速交货，或者将货物安全送到遥远的市场时，空运仍是理想的运输方式。经常空运的产品有易腐产品和价值高、体积小的产品等。

〔例〕利用空运运输海鲜、珠宝等，见图 6-8。

图 6-8 铁路运输、水运、卡车运输、空运

企业在发货给仓库、经销商和顾客时，在上面的 5 种运输方式中进行选择时，要综合考虑各种方式的速度、频率、可靠性、运载能力、可用性和成本等因素。如果发货人要求快速，空运和卡车是主要选择对象；如果要求低成本，水运和管道是主要考虑对象。

要点警句

订购点的计算公式为：

订购点 = 日均销量（出库量）×订购前置时间 + 安全存货量

三、物流现代化

物流自动化涵盖物流管理的多个环节，因而需要多种技术的支撑，以下是与营销密切相关的几种技术：

（一）条形码（Bar Code）

条形码技术是一项识别技术，是商品国际化的标志，也是实现物流自动化与商品管理自动化的基础。商品条形码可分为原印码和店内码 2 种。

1. 原印码

原印码又称国际商品条码，是指产品在出厂前就已印制的国际通用的条形码，用于标示商品的唯一性。

［例］我国商品使用的前缀码为 690、691，是由国际物品编码协会（EAN）分配的。在发达国家，98% 以上的商品都带有原印码，见图6－9。

图6－9　国际商品条码的符号结构

2. 店内码

店内码是由商店自己编制并印制的条码标签，只限于店内使用，是一个封闭的条码系统，见图 6－10。自制店内码，必须把握 3 个基本要点：选

择正确的码制；保证条码印制质量；严格按照有关标准，将条码标签贴在正确的部位。

在物流管理中条码的作用很大，利用条码订货，可把订货点延伸到货架，提高订货效率和货架利用率；便于查阅库存情况、抽检验货，并对验货结果进行核对校正，提高验货准确率。

在销售收款时，用条码扫描输入收款机比手工操作快捷、准确，而且条码作为商品的唯一记号，大大减少了商品间的串号现象，便于把物流管理纳入规范化、有序化和标准化之中。

图书管理条形码

SO200001

图 6－10 店内码

（二）电子货币

电子货币，包括信用卡、储蓄存款卡、现金卡、IC 卡等多种金融交易卡，它可以减少流动资金积压及大量资金的清点搬运，增加资金周转率，促进销售。

[例] 学校发给学生的饭卡就属于电子货币。

（三）电子收款机与销售点管理系统

电子收款机（简称 ECR，见图 6－11）和销售点管理系统（简称 POS）是企业物流自动化的重要组成部分。POS 有 2 种，一种是商业用 POS，一种是银行用 POS。

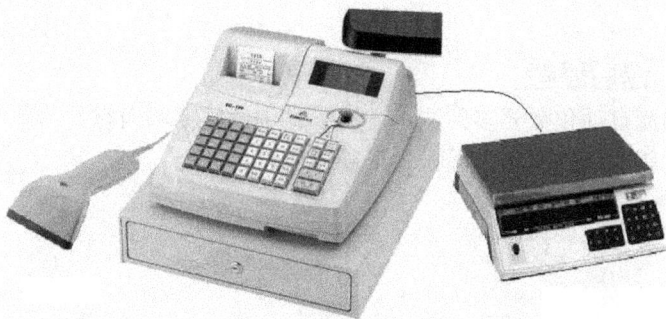

图 6－11　电子收款机

使用 POS，可明显提高物流管理水平；在收款作业上，规范了现金管理；在信息采集上，更具有时效性和准确性；在经营管理上，账目具有相对的公开性。使用 POS，对价格及其变动的反应迅速、准确，商品畅滞一目了然，易于备货、采购，便于掌握购买趋势，提高商品、资金流转率等。

（四）电子订货系统

电子订货系统简称为 EOS，是零售商、批发商、制造商运用电脑对订购商品进行全面管理的技术。它可以迅速准确地传递订货信息，掌握商品情报，构建出一个不缺货、不出错、不延迟的进货、检货和补货系统。

趣味讨论

世界上最危险的物流是什么？

图 6-12　不同物流方式

课堂练习

下列不属于物流自动化的是（　　　）。（单项选择题）

A. 电子订货系统　　　　　　B. 自动验货系统

C. 管理信息系统　　　　　　D. 条形码

课后思考

1. 物流自动化需要多种技术支撑，其中包括哪些内容？

2. 自制店内码必须把握哪 3 个基本要点？

本章汇总

一、分销渠道的含义及特征

（一）分销渠道的含义

分销渠道也叫销售渠道或通路，指产品或服务从企业向消费者转移过程中，所有取得产品所有权或协助产品所有权转移的组织和个人。

（二）分销渠道的特征

分销渠道的起点是企业，终点是消费者；呈网络体系；是所有权的转移；还隐含其他的物质流动形式。

二、分销渠道的功能

沟通信息，促进销售，洽谈生意，分配实体，承担风险，转移所有权。

三、分销渠道的类型

（1）根据中间环节层次的多少划分，分为长渠道和短渠道。短渠道包括零级分销渠道、一级分销渠道。长渠道包括二级经销渠道、二级代理分销渠道、三级分销渠道。

（2）根据同一层次中间商多少划分，分为宽渠道和窄渠道。分别为密集分销、选择分销、独家分销。

（3）根据渠道成员不同的联合方式划分，分为垂直分销、水平分销和多渠道分销。

四、中间商

传统中间商按其是否拥有商品所有权，可以将中间商分为经销商和代理商。

（一）经销商

经销商是指从事商品流通业务并拥有商品所有权的中间商，包括：

1. 批发商

批发商是指向生产企业购进产品，然后转售给零售商等，不直接服务于个人消费者的商业机构。主要有 3 种类型：专业批发商、综合批发商和批发市场。

2. 零售商

零售商是指面向广大消费者，直接为消费者服务的组织和个人。目前零售商的类型主要分为商店零售、无店铺零售和零售组织 3 种。

新型中间商不断兴起，如雨后春笋般涌现出来，如：

（1）制造商、零售商网络平台；

（2）网上零售商；

（3）网络中间商。

（二）代理商

（1）制造代理商；

（2）销售代理商；

（3）采购代理商；

（4）佣金商。

五、分销渠道策略

一般来说，要选择一条有效的渠道，首先必须分析影响分销渠道选择的因素，然后进行分销渠道的设计，最后还要完成分销渠道的管理工作。

（一）分销渠道设计的影响因素

市场因素、产品因素、企业因素、中间商的因素、环境因素。

（二）分销渠道的设计

进行渠道设计的一般步骤：

（1）分析渠道服务产出水平；

（2）设置和协调渠道目标；

（3）明确渠道的任务和备选方案；

（4）评估分销渠道方案。评估标准主要有 3 个，即经济性、可控性和适应性。

（三）分销渠道的管理

（1）选择渠道成员；

（2）激励渠道成员；

（3）评估渠道成员；

（4）调整分销渠道。

六、物流策略

（一）物流的含义

所谓物流，是指通过有效地安排商品的仓储、管理和转移，是商品在需要的时候到达需要地点的经营活动。物流是一个相当宽泛的概念。需要具备 3 个基本要素：流体、载体、流向。

（二）物流的职能

将产品由生产地转移到消费地，从而创造地点效用。

（三）存货决策：订购点决策、订购量决策

订购点 = 日均销量（出库量）× 订购前置时间 + 安全存货量

（四）运输决策

企业可作以下运输选择：铁路运输、水运、卡车运输、管道、空运。

七、物流现代化

物流现代化涵盖物流管理的多个环节，因而需要多种技术的支撑，其中包括条形码、电子货币、电子收款机与销售点管理系统、管理信息系统、战略信息系统、电子数据交换电子订货系统等。

课后练习

一、填空题

1. 分销渠道是指产品从＿＿＿＿＿＿＿＿ 向 ＿＿＿＿＿＿＿＿＿ 转移的过程中所经过的途径。

2. 根据中间环节层次的多少，分销渠道可分为＿＿＿＿＿和＿＿＿＿＿。

3. 根据同一层次中间商多少划分，分销渠道可分为＿＿＿＿＿＿、＿＿＿＿＿＿和紧密型分销。

4. 影响分销渠道因素主要有＿＿＿＿＿＿、产品因素、企业自身因素、经济形势及有关法规和＿＿＿＿＿＿。

5. 通常在决定分销渠道宽度时，可供选择的形式有＿＿＿＿＿＿、

_____和选择分销。

6. 根据渠道成员不同的联合方式划分，分为_____、_____和多渠道分销。

7. 物流的三要素分别是_____、_____和流向。

8. 储存决策主要包括进货时间决策和_____。

二、单选题

1. 下列不属于分销渠道功能的有（　　）。

A. 奉献承担　　B. 接洽谈判　　C. 制定价格　　D. 沟通信息

2. 产品不经过任何中间环节，直接由企业供应给消费者的分销渠道属于（　　）。

A. 直接分销渠道　　　　　　B. 间接分销渠道

C. 宽渠道　　　　　　　　　D. 窄渠道

3. 制造商在某一目标市场上尽可能多地选择中间商来销售自己的产品，这被称为（　　）。

A. 直接渠道　　B. 间接渠道　　C. 宽渠道　　D. 窄渠道

4. 企业与消费者之间经过批发商、零售商两个层次的中间环节的分销渠道，这属于（　　）。

A. 一级分销渠道　　　　　　B. 二级经销渠道渠道

C. 二级代理渠道　　　　　　D. 三级分销渠道

5. 大型专业设备销售多采用的渠道策略是（　　）。

A. 宽渠道　　B. 窄渠道　　C. 长渠道　　D. 短渠道

6. 一个公司建立两条或更多的营销渠道以达到一个或更多的顾客细分市场。这是（　　）的做法。

A. 垂直分销系统　　　　　　B. 水平分销系统

C. 多渠道分销系统　　　　　D. 松散型分销系统

7. 企业与消费者之间经过代理商、零售商两个层次的中间环节的分销渠道。这是分销渠道类型中的（　　）。

A. 一级分销渠道　　　　　　B. 二级经销渠道

C. 二级代理渠道　　　　　　D. 三级分销渠道

8. 上门推销、邮寄、电话销售等渠道类型属于（　　）。

A. 直接渠道　　B. 间接渠道　　C. 宽渠道　　D. 窄渠道

9. 康师傅泡面是日用消费品的一种，此类商品适宜选择的渠道类型是（　　）。

A. 直接渠道　　B. 间接渠道　　C. 宽渠道　　D. 窄渠道

10. 葡萄在运输过程中一般选择（　　）。

A. 直接渠道　　B. 间接渠道　　C. 宽渠道　　D. 窄渠道

11. 根据中间环节层次的多少划分，分销渠道可分为（　　　）。

A. 直接渠道和间接渠道　　　　B. 长渠道和短渠道

C. 宽渠道和窄渠道　　　　　　D. 单渠道和多渠道

12. 通过人员推销、广告、公关活动及其他促销方式吸引和说服顾客和潜在顾客，这是分销渠道功能中的（　　　）。

A. 沟通信息　　B. 促进销售　　C. 洽谈生意　　D. 分配实体

13. 除了完成产品交易过程外，同时还要完成储藏和运输商品，其中包括按照买方的要求对商品进行分等、分类、包装、统配等一系列活动。这是分销渠道功能中的（　　　）。

A. 沟通信息　　B. 促进销售　　C. 洽谈生意　　D. 实体分销

14. 市场规模大的产品，如日用消费品，可借助于中间商进行销售，即采用较宽较长渠道。这是在说影响分销渠道选择因素中的（　　　）。

A. 市场因素　　B. 产品因素　　C. 企业因素　　D. 中间商因素

15. 一般而言，高价值、笨重的商品往往采用较短的渠道结构。这是在说分销渠道选择因素中的（　　　）。

A. 市场因素　　　　　　　　　B. 产品因素

C. 企业自身因素　　　　　　　D. 中间商因素

16. 如果企业认为中间商进行销售或向企业提供的服务小于企业的付出，那么企业对渠道的选择就有可能偏向于减少中间商的数目。这是在说分销渠道选择因素中的（　　　）。

A. 市场因素　　　　　　　　　B. 产品因素

C. 企业自身因素　　　　　　　D. 中间商因素

17. 像美的这类的大型企业，有能力选择较固定的中间商经销产品，甚至也建立了自己控制的分销系统。这是在说影响分销渠道选择因素中的（　　　）。

A. 市场因素　　　　　　　　　B. 产品因素

C. 企业自身因素　　　　　　　D. 中间商因素

18. 企业尽可能多地通过许多负责任的、适当的批发商和零售商推销其产品。这是确定中间商数目时可选择形式中的（　　　）。

A. 密集分销　　B. 独家分销　　C. 选择分销　　D. 自我销售

19. 以下可作为中间商评估标准的指标是（　　　）。

A. 销售指标完成情况　　　　　B. 平均存货水平

C. 产品市场覆盖率　　　　　　D. 货款返回情况

20. 下列不属于企业在处理与中间商的关系时采用方法的是（　　　）。

A. 合作　　　　B. 合伙　　　　C. 经销规划　　D. 物质激励

21. 中间商是否接近目标市场、中间商对产品的销售对象或使用对象是否熟悉等是生产者确定中间商时需要考虑的条件。这是在说分销渠道管理中的（　　　）。

A. 选择渠道成员　　　　　　　B. 激励渠道成员

C. 评估渠道成员　　　　　　　D. 调整分销渠道

22. 分销渠道中的"物"指的是产品实体。它在物流三要素中被称为（　　）。

A. 流体　　　　B. 载体　　　　C. 流向　　　　D. 目标

23. 储存决策中要求既保证企业经营活动的正常进行，又要使总库存费用（包括订购费用和保管费用）最小。这是储存决策中的（　　）。

A. 进货时间决策　　　　　　　B. 订购量决策

C. 进货方式决策　　　　　　　D. 进货地点决策

24. 专门由生产地向市场输送石油、煤和化学产品的运输方式是（　　）。

A. 铁路运输　　　B. 公路运输　　　C. 水运　　　D. 管道运输

25. 信用卡、储蓄存款卡、现金卡、公交卡等金融交易卡，指的是（　　）。

A. 条形码　　　　B. 电子货币　　　C. 电子收款机　　D. 管理信息系统

三、多选题

1. 下列应属于直接渠道的有（　　）。

A. 上门推销　　　B. 邮寄　　　C. 电话服务　　　D. 电视销售

2. 下列属于窄渠道缺点的是（　　）。

A. 产品销售范围窄　　　　　　B. 市场占有率低

C. 不便于消费者购买　　　　　D. 流通费用增加

3. 下列属于分销渠道功能的有（　　）。

A. 风险承担　　　B. 接洽谈判　　　C. 制定价格　　　D. 实体分销

4. 根据制造商在某一目标市场选择中间商数目的多少来划分，分销渠道可以分为（　　）。

A. 直接渠道　　　B. 宽渠道　　　C. 间接渠道　　　D. 窄渠道

5. 下列影响分销渠道选择因素中的产品因素的是（　　）。

A. 产品的价值和重量　　　　　B. 技术复杂程度

C. 竞争状况　　　　　　　　　D. 企业的规模和资金实力

6. 代理商通常可分为（　　）。

A. 制造代理商　　　　　　　　B. 销售代理商

C. 采购代理商　　　　　　　　D. 评估销售渠道方案

7. 渠道设计主要包括（　　）。

A. 分析服务产出水平　　　　　B. 设置和协调渠道目标

C. 明确渠道的任务和备选方案　D. 评估分销渠道方案

8. 批发商和零售商都属于（　　）。

A. 经销商   B. 代理商   C. 供应商   D. 实体分配者

9. 下列情况中的（　　）应属于直接营销。

A. 上门推销   B. 专卖店

C. 邮寄和电话营销   D. 网络营销

10. 下列产品中，（　　）最不适宜长而宽的渠道。

A. 处于成熟期的产品   B. 单价低的日常用品

C. 技术性强、使用面窄的设备   D. 化妆品

四、判断题

1. 宽渠道是指制造商同时选择两个以上的同类中间商销售产品。

（　　）

2. 中间商是指从事商品交易业务，在商品买卖过程中拥有产品所有权的中间商。 （　　）

3. 从事商品流通业务并拥有商品所有权的中间商是经销商。 （　　）

4. 电视销售和网络销售属于间接渠道方式。 （　　）

5. 技术复杂、需要提供专门服务的产品，宜采用间接渠道。 （　　）

6. 汽车类产品销售多选择短渠道。 （　　）

7. 大型专业设备销售多采用长渠道。 （　　）

8. 购买量小，购买频率高的产品宜采用较短较窄渠道。 （　　）

9. 有明显季节性的消费产品宜采用短渠道。 （　　）

10. 合作、合伙和经销规划是选择渠道成员的条件。 （　　）

五、简答题

1. 分销渠道的类型主要有哪些？
2. 分销渠道的功能包括哪些内容？
3. 分销渠道的管理包括哪些方面？
4. 直接运送商品至顾客的运输方式分别是什么？

案例分析

1996 年以来，国际著名感光材料跨国公司大举挺进中国。他们依靠雄厚的实力，在中国一方面加大营销投入，大建专卖店、连锁店，一方面投入巨资组建新的生产线，这给本土企业乐凯带来了严峻的挑战。乐凯以市场为导向，系统谋划，根据产品特点和市场需求，制定了自己的渠道策略，取得了较好的效果。胶卷的销售同其他产品相比有自己的特殊性，它更需

要专业的营销网络进行分销和从事售后服务，因而，控制营销网络和销售渠道往往是国外公司进行竞争的杀手锏。几大感光材料公司在中国市场上的竞争近年来也多着眼于此。于是，乐凯公司采取了建立自己的渠道网络和代理商分销相结合的渠道策略。一方面，乐凯公司长期以来一直在构筑自己的分销网络，早在20世纪80年代就在全国大中城市设立了32个乐凯彩扩服务部，以此为基础，目前它在全国已拥有近千家专卖店和1 400家特约彩扩店。现在，乐凯专卖店的建设正在以每天1家的速度增加。另一方面，乐凯公司充分利用社会力量扩展营销网络。乐凯公司重点加强了基础设施建设，逐步建设区域营销中心。以总部为基点，乐凯公司在各地选择了一批信誉好、市场辐射能力强的商家作为乐凯的地区代理，建立起一个乐凯代理分销体系，借助社会力量营造市场，拓展市场。对销售网点的建设，乐凯公司注重从数量型、扩张型向质量效益型扩展，坚持"建一个成一个"。乐凯公司对全国的乐凯营销部、乐凯专卖店进行了整合，并大力推行规范化、标准化的管理与服务模式，重点提高各个网点的服务品质，树立品牌形象。目前乐凯公司已在国内建立了拥有30多个乐凯营销部、近千家乐凯专卖店、千余家特约冲扩店，联结数百个分销代理商，辐射数万零售冲扩点的分销网络。优良的质量，得力的分销网络，加上各种适应市场需求的营销策略，大大带动了产品销售与市场拓展。本例告诉我们，销售渠道的畅通，对企业的销售起着至关重要的作用。

（资料来源：http：//www.fjlzy.com/jgx/jpkc/scyx/N（1）.htm#2）

思考：

（1）从胶片类产品的特点评价乐凯公司的分销策略。

（2）面对强大的竞争对手，乐凯公司的分销策略还应作哪些完善？

第七章 促销策略

[学习目标]

1. 了解促销的概念和作用
2. 了解基本的促销组合
3. 了解人员推销的基本特点、策略和方法
4. 掌握广告宣传的内容和策略
5. 掌握公共关系的活动方式和促销途径
6. 掌握营业推广的形式和方法

[案例导引]

劲酒促销

1989 年底，湖北大冶县皇宫酒厂在进行市场调查时发现，现在的消费者，特别是沿海经济发达省份的人们，很注意养生保健，对一些烈性酒逐渐淡漠，而对强身健体、延年益寿的酒十分青睐。得知这一信息，厂里迅速投入对有滋补功能的新产品的开发。经过 70 余次实验，"中国劲酒"终于问世。他们有了拳头产品后，立即选择了最有竞争性的广东市场为突破口。他们拿出 80 万元作为广告费，将大力宣传和跟踪调查服务相结合；经理一年三下广州，听取消费者的意见，并召开声势浩大的新闻发布会。"中国劲酒"引起广州市糖酒公司的极大兴趣，认为是值得开发的进货渠道，因此专门为劲酒成立了 8 人推销小组。强大的营销攻势为劲酒顺利地进入广东市场创造了良好的氛围，很快，广州、梅州、韶关、珠海等城市陆续建立起稳定的销售点，销售量很快突破了万箱大关。从本例中可以看出，有效的促销往往可以促使企业短期的销售量迅速激增。

图 7 - 1　中国劲酒

（图片来源：http：//img. cn. china. cn/qhimg/deal_ mg/0_ 0/0/13/899/59e0d8. TIF）

思考：

（1）企业都有哪些促销方式可以选择？

（2）企业应该如何选择促销方式？

第一节　促销

一、促销的含义

促销，即促进销售，是指企业通过促销人员或其他方式，沟通企业与消费者之间的信息，从而引发、刺激消费者的消费欲望和兴趣并使其产生购买行为的活动。

对这个含义，我们可以从以下几个方面理解：

（一）促销的目的是在短期内引发、刺激消费者产生购买行为

在消费者可支配的收入一定的条件下，消费者是否产生购买行为主要取决于消费者的购买欲望，而消费者的购买欲望又与外界的刺激、诱导密不可分。正是基于这一点，促销通过各种传播方式把产品或服务等有关信息传递给消费者，激发其购买欲望，使其产生购买行为。同时，促销带有明显的短期性。为什么这么说呢？因为促销需要花费大量的费用。例如，经销商在春节的时候搞的各种各样的宣传活动，短期促销员的大量雇佣等是为了烘托节日气氛，使整个销售现场有浓浓的购物氛围，但同样也会产生促销费用。因此，促销短期性的特点很明确，在短期内实现最大的销售量是企业和商家不遗余力、不辞劳苦地去做促销的根本原因所在。

（二）促销活动的实质是一种沟通活动

那么怎样达成在短期内迅速激发顾客的购买欲望，促使其产生购买行为的目的呢？企业和消费者之间达成交易的基本条件是信息沟通。企业将有关产品和服务的信息，通过声音、文字、图像或实物的方式传递给顾客，增进顾客对其产品和服务的了解，引发顾客的注意和兴趣，帮助顾客认识产品或服务所能带给他们的利益，这样才可能激发他们的购买欲望；否则，若企业不将自己生产或经营的产品和服务等有关信息传递给顾客，那么顾客对此一无所知，自然就不会认购。所以沟通方式的选择和沟通渠道的畅通与否是关系到促销活动成败的关键。

促销手段一般被制造商、批发商、零售商、贸易联合会和非营利机构等诸多组织采用。促销的对象分别瞄准终极顾客（消费者促销）、商业客户（商业促销）、零售商和批发商（贸易促销）以及销售队伍成员（销售队伍促销）。

今天，在许多出售消费品的公司里，促销成本在所有营销开支中占75％甚至更多，每年的促销开支以12％的速度在增长。

促销的迅猛增长，尤其是在消费品市场上的增长，是由几个方面的因素造成的：

第一，在公司内部，销售部经理承受着巨大压力。他们力图增加当前的销售客户，因此把促销看作一种有效的短期销售手段。

第二，从外部看，公司面临着越来越激烈的竞争，而互相竞争的品牌差别越来越小。竞争对手越来越多地使用营业推广以区分他们的产品。

第三，由于花费增加，媒体的多样化和法律的限制，公关的效果降低了。

第四，顾客越来越受销售部门的引导，而零售商则越来越多地跟制造商打起了交道。

要点警句

促销的实质是一种沟通活动。

趣味讨论

买一赠一的促销活动最长可以持续多长时间？

二、促销方式

企业开展促销活动一般采用以下 4 种方式：

（1）人员推销。是指企业派出人员直接与消费者或客户接触，以达到销售商品或服务以及宣传企业目的的促销活动。

（2）广告。是指由商业组织、非商业组织或个人支付费用，用于宣传商品或服务的大众传播行为。广告的主要媒介有电视、广播以及报纸、杂志等；近些年由于网络盛行，其也成为了重要的广告阵地。

（3）公共关系。是指企业为塑造、传播和维护自身的形象而利用各种传播手段与企业外部的有关公众进行沟通的活动，如赞助、募捐、慈善、记者招待会等。

（4）营业推广。通常也叫特种推销。是指企业为激励顾客的购买行为，在短期内采取的除以上 3 种形式之外的其他特殊的营业方法，如打折、回扣、赠品等。

三、促销的作用

（一）提供商品信息，激发购买欲望

通过促销宣传，可以使顾客了解企业生产经营的产品及其特点，以及到哪里购买、是否符合购买条件等，从而引起顾客的注意，激发其购买欲望，为实现销售和扩大销售作好舆论准备等。

（二）突出产品的特点，提高竞争能力

企业通过促销活动宣传本企业产品的特点，提高产品和企业的知名度，促使顾客加深对本企业产品的了解和喜爱，并增强其信任感，从而也就提高了企业的产品竞争力。

（三）强化企业形象，巩固市场地位

通过促销活动，可以树立起良好的企业形象和商品形象，尤其是通过对名、优、特产品的宣传，更能促使顾客对企业产品及企业本身产生好感，从而培养和提高"品牌忠诚度"，巩固和扩大市场占有率。

（四）影响消费，刺激需求，开拓市场

消费者对新产品的性能、特点、用途和作用并不了解，通过促销宣传，将这些信息及时传递给消费者，能引起顾客兴趣，诱导需求，指导消费，从而为新产品打开市场。

［例］某葡萄酒新品，在新开区域几个月的销量不尽如人意。通过市场调查，了解到该产品的再次购买率比较低，原因是不符合大部分人的口味。于是公司在改动配方后希望通过一次大型的促销来提高再次购买率。备选的促销方案有：让利、捆绑赠品、开瓶有奖、集 X 个瓶盖抽奖、购买该产品一瓶凭超市小票可兑换 10 元超市购物赠券（选取多家大型超市）等。最后，经过分析他们选择了购物赠券方案。首先是进行各大超市的 DM 宣传，其次是进行场外促销人员的免费品尝活动，最后是利用了各超市的高配合度，结果该促销做得非常成功。

四、促销目标

促销目标即企业通过开展各类促销活动所达到的预期目的。企业的促销目标主要有：

（一）销售增长率

即通过促销活动，使商品销售额比促销前有所增加，计算公式为：

$$销售增长率 = \frac{促销后销售额 - 促销前销售额}{促销前销售额} \times 100\%$$

（二）市场占有率

市场占有率是指在一定时期内，企业所生产的产品在某市场上的销售量或销售额占同类产品销售量或销售额的比重，一般情况下用百分比表示。市场占有率与企业的经济效益成正比例关系。企业通过促销活动可以扩大产品的知名度，提高产品的市场占有率。这样，既可使经济效益不断提高，又可使产品的竞争地位在同类产品中不断加强。

（三）品牌知名度

产品品牌的知名度与产品的促销之间一般呈正比例关系。企业通过一系列促销活动，使消费者对该产品由不知道到注意，由了解到认识，由喜欢到购买，从而提高了产品品牌的知名度，也就达到了扩大销售量的目的，两者是相得益彰的。

五、促销预算

企业开展各类促销活动，必然会支出一定的促销费用，而费用支出数量的多少与企业的经济效益又有着直接的关系，但促销活动与经济效益之间并不完全成正比例关系。因此，制定促销预算成为企业最困难的决策之一。目前企业常用的预算方法主要有 4 种，即量力支出法、销售额比例法、竞争对等法和目标任务法。

（一）量力支出法

量力支出法就是量力而行，即企业以自己本身的经济能力为基础来确定促销费用的方法。这种方法简便易行，但也有一定的缺点，就是忽略了促销与销售额之间的因果关系。由于企业每年的财力有所不同，导致每年的促销预算可能存在较大的差异，因此，此法不利于长期规划。

（二）销售额比例法

销售额比例法是指企业根据目前或预期的销售额来确定促销费用，使促销费用与销售额之间保持一定比例的方法。例如，某企业预测今年的的销售额为 20 万元，现以销售额的 10% 作为今年的促销费用，那么今年的促销费用就是 2 万元。

销售额比例法简便易行，把促销费用和销售额联系起来，降低了促销预算的风险性。但是如果由于一些不可控因素的影响，预测的销售额与实际相比差距很大时，会造成促销费用过高或者是促销力度不够等情况，进而会影响到销售的效果。

（三）竞争对等法

竞争对等法就是根据竞争对手的促销费用支出来制定促销预算的方法。采用这种方法的前提是竞争对手的费用支出是合理的、有效的。这种方法最大的好处在于维持各竞争者的竞争地位，彼此之间能够"和平相处"。缺点是由于盲目效仿，可能会适得其反，因此采用此方法必须考虑本企业和竞争对手在生产经营规模、市场占有率、商誉、资源、机会、目标等方面的差异，不能盲目跟风。

（四）目标任务法

目标任务法就是企业先确定促销目标，然后明确为实现这些目标所要完成的任务，最后再结算完成这些任务所需促销费用的方法。这种方法将促销费用与促销方法直接联系在一起，便于企业进行成本—效益分析，可提高资金利用率，因此有助于促销预算制度化。但采用此方法必须正确地制定促销目标，否则由于目标不当，促销预算也会失误。

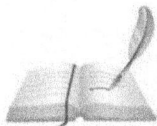

课堂练习

1. 企业开展促销活动一般采用的 4 种方式是广告、_____、公共关系和_____。

2. 4 种促销方式中最古老的是（   ）（单项选择题）。

A. 广告　　　　B. 公共关系　　C. 人员推销　　D. 营业推广

课后思考

促销等于推销吗？

第二节　人员推销

一、人员推销概述

人员推销是指推销人员深入到中间商或消费者之中，进行直接的宣传介绍活动，使中间商或消费者采取购买行为的促销方式。它是人类最古老的促销方式。在商品经济高度发达的现代社会，人员推销这种古老的形式更是焕发了青春，成为现代社会最重要的一种促销形式。现在盛行的直销方式无非也就是人员推销的一种特例。企业要运用人员推销方式开展促销活动，必须了解人员推销的特点、任务、组织形式和方法等内容。

[例] 吉勒斯是美国著名的汽车销售员。有一天，一位客人西装笔挺、神采飞扬地走进店里，吉勒斯心里明白，这位客人今天一定会买下车子。于是他热情地接待了这位客人，并为他介绍了不同品牌的车子，说明不同车子的性能、特点。客人频频点头微笑，然后跟随着吉勒斯一起从展示场走向办公室，准备办手续。客人一边走，一边激动地说："你知道吗？我儿子考上医学院了，我们全家都非常高兴……"吉勒斯不顾顾客的兴致，抢过话题继续介绍汽车的优良性能。没等他介绍完，客人就说道："我要买辆最好的车，作为礼物送给儿子……"吉勒斯接着客人的话说："我们的汽车无论是款式还是性能都是一流的……"客人有些不高兴，他看了吉勒斯一眼，没等他说完，抢着说道："我的儿子很可爱……"吉勒斯又说："是啊，我们的车子也确实是最好的……"客人的脸越来越难看了："你这人怎么这样？""我们的汽车确实是……""你就知道汽车！"客人发火了，最后

竟然拂袖而去。

（一）人员推销的特点

人员推销与其他促销方式相比，具有以下特点：

1. 选择性

推销员所推销的商品都是满足特定人群需要的，没有可以同时满足所有人需要的商品。推销员可以根据推销商品的特点，选择属于自己推销范围内的顾客，在每次推销商品之前，选择有较大购买潜力的顾客，有针对性地进行推销。推销员也可先对目标顾客进行一番调查了解，拟定具体的推销方案，以确保推销效率。

2. 控制性

推销员在与顾客接触的过程中，可以根据各类顾客的需要、动机和行为，设计具体的推销策略，主动地引导推销过程。在推销过程中，推销员要通过观察顾客的态度和情绪变化，及时调整交谈的内容和方式，并且还可以及时发现和开拓顾客的潜在需要。此外，对于商品的性能、质量、使用和保管方法，推销员不仅要向顾客介绍，还可以借助必要的工具进行演示，以打消其各种疑虑，激发购买欲望，促使其采取购买行为。

[例] 有个乡下来的小伙子在百货公司上班。就在差不多该下班的时候，老板来了。老板问他："你今天做了几单买卖啊？""一单。"小伙子回答说。"只有一单？"老板很吃惊地说，"我们这儿的销售员一天基本上可以完成 20～30 单生意呢。你一天才完成一单生意，还远远达不到我们公司的合格水平啊！那么，你卖了多少钱啊？""30 万美元。"小伙子回答。"啊，30 万！你一单生意就卖了 30 万美元？你是怎么卖了那么多钱的？"老板非常惊讶，很好奇地问道，他迫切地想知道答案。"是这样的，"乡下来的小伙子说，"今天早上，有一个男士来到我的柜台买渔钩。我先是卖给了他一枚小号的渔钩，然后是一枚中号的渔钩，最后是一枚大号的渔钩。接着，我卖给了他一根小号的渔线，然后是一根中号的渔线，最后是一根大号的渔线。在包裹渔钩和渔线时，我问他要上哪儿去钓鱼。他说要到海边去。于是，我建议他买一条船。他采纳了我的建议，所以我就带他到卖船的专柜去，卖给了他一艘长约 20 英尺的有两个发动机的纵帆船。这时，他忽然说他的大众牌汽车可能拖不动这么大的船。于是，我便带他去汽车销售区，又卖给了他一辆新款豪华型陆地巡洋舰轿车。"老板惊得后退了两步，脸上写满了难以置信："仅仅想买几个渔钩的客户，你是怎么说服他购买这么多产品的？"小伙子笑着说："不，老板，其实他只是从这儿路过，然后进来问我明天的天气会怎么样的路人。我当时说，明天的天气会很好，又是周末，您干吗不去钓鱼呢？然后，我就把钓鱼需要的产品介绍给他了！——事情就是这样。"

3. 情感性

推销过程是推销员与顾客双方沟通的过程。在这个过程中，一回生，二回熟，彼此既交流了情感又增进了了解。在彼此信赖的基础上，双方建立起深厚的友谊，势必会使顾客产生惠顾动机，从而形成一种稳定的购销关系，促进商品的销售。

［例］某厂的小李打算接近某商场的采购经理王某，最终都被拒绝了。他经过调查发现王某是一位转业军人，平时最为鄙视一些送礼请客的作风。调整拜访策略之后，小李先向王某递上一张便笺，上面写道："能否给我这个年轻人一些生活和学习上的指教呢？"王某平时很喜欢教育自己的部下和年轻的一辈，于是端茶送水并请小李坐下。于是小李和王某沟通起来，并在适宜的时机拿出一些新式领带，请王某鉴赏，并请他为这种产品报个公道的价格。王某仔细检查每一条领带，然后认真地做了答复。小李又进行了一番讲解，10分钟到了，小李拎包要走，然而这次王某留住了他，开始洽谈，并按照小李的报价订了不少货。

4. 双向沟通性

在推销员与顾客的交流中，一方面推销员能向顾客传递有关商品的信息；另一方面，推销员又能从顾客那里及时获得市场和消费者的信息，进而调整促销策略。

（二）人员推销的流程

1. 寻找顾客

任何一个推销员在推销商品时都会遇到这样的问题：手中的商品卖给谁？怎样保持和发展自己的推销业务？在整个推销活动中，寻找顾客是一项极具挑战性、开拓性的艰巨工作。寻找顾客也是整个推销流程的开始，它直接关系到推销活动的成败。

2. 推销约见与接近

所谓推销约见与接近，就是指推销人员为进行推销洽谈，与潜在目标顾客进行的正式接触或访问，它直接关系到整个推销洽谈的成败。

3. 推销洽谈

推销人员在成功地接近顾客之后，即进入了推销洽谈阶段。推销洽谈是推销人员最重要的工作之一，是整个推销过程中的关键阶段。能否很好地处理顾客异议，说服顾客，进一步激发顾客的购买欲望，从而达成交易，关键就在于推销人员与顾客的推销洽谈是否成功。推销人员对此必须高度重视。

4. 成交

推销流程最终进入成交阶段。成交是推销工作的一个特殊环节，它是推销工作的最终目的，是对推销工作成效的检验。一个优秀的推销员，应具有明确的推销目的，千方百计地促成交易。

要点警句

寻找顾客是整个推销流程的开始，它直接关系到推销活动的成败。

（三）人员推销的形式

人员推销主要有以下几种形式：

（1）上门推销：即由推销员携带样品、说明书和订货单等上门拜访顾客，推销产品。

（2）店堂推销：即由店堂的营业员、导购员或服务人员等接待顾客，销售商品。

（3）会议推销：即利用各种会议的形式介绍和宣传商品，集中推销商品，如展销会、订货会等。

（四）推销人员的角色

推销人员在实际的推销工作中一般都扮演着以下角色：

（1）企业形象代表。销售人员是企业派往目标市场的形象代表，他们热情主动的工作，积极的态度乃至一言一行都代表了企业形象，是企业文化和经营理念的传播者。

（2）服务员。销售人员是目标顾客的服务人员，帮助顾客排忧解难，解答咨询，提供产品使用指导，用服务质量和热情赢得顾客的信任和偏爱。

（3）信息情报员。销售人员是企业信息情报的重要反馈渠道。由于销售人员的工作特点，他们广泛接触社会的各个方面，因此，他们不仅能够收集目标顾客的需求信息，而且还能收集竞争者信息、宏观经济信息和科技发展信息，使营销决策者能迅速把握外部环境的动态，从而及时作出反应。

（4）客户经理。当销售人员面对一群顾客作营销沟通工作时，他们所担任的就是"客户经理"的角色。他们在企业营销战略和政策的指导下，行使一定的决策权，如交易条款的磋商、交货时间的确认等。

（5）顾问。在很多行业，如房地产、投资理财、美容等，其销售人员以"顾问"的身份出现，更显出专业水准。

（6）咨询师。一般在美容、家电行业出现，主要就专业的问题给顾客以解答，帮助和促进产品的销售。

（7）直销员。一般在直销行业出现，如安利、雅芳等。

趣味讨论

以下哪些职位实际是从事推销工作的？

某公司业务代表、餐厅服务员、客户经理、投资理财顾问、美容咨询

师、直销员。

课堂练习

人员推销作为一种促销方式，其优点有（　　　）。

A. 沟通信息直接　　　　　　　B. 反馈及时

C. 可当面促成交易　　　　　　D. 节省人力

课后思考

如果想成功的话，推销人员应该做到哪些？

第三节　广告

一、广告的概念

广告（advertise）的定义分为广义和狭义 2 种。广义的广告，是指通过各种形式公开向公众传播商品和劳务信息的宣传活动，包括企业用有偿方式进行商品和服务供求的宣传，或单位与个人在公众媒体上有偿刊登启事以及非营利性的公益广告等。狭义的广告，主要指商业广告，它是一种以盈利为目的，面向目标市场对象，通过各种媒体，迅速传递商品和劳务信息的宣传活动。市场营销研究的是狭义的广告。在市场营销中，广告是现代企业进行市场推广的最常用的手段，也是一种很重要的推广方式，这是因为广告能将企业所要表达的营销信息准确、及时、形象地传递给目标消费者，而且覆盖面广。因此，全球很多知名企业在广告上都投入了巨额资金。

［例］宝洁公司 1994 年全球销售总额为 162.13 亿美元，仅在美国国内广告费支出就达到 26.9 亿美元，广告支出占其销售总额的 16.6%。在国内，2004 年，众多乳品品牌成为中央电视台广告大战的新锐力量，在中央电视台 2004 年黄金段位广告招标会上，蒙牛以 3.1 亿元的巨额投入成为央视新"标王"，紧随其后的是伊利，投入 2.14 亿元。此外，三鹿、完达山、维维等乳品企业也参加了竞标。据媒体投放专家介绍，在乳品行业，如果是发展中的企业，广告投入至少会占销售额的 15% 以上。

［例］从 1987 年起，美国牙刷市场的趋势是高价品牌主宰市场。举世

无敌的复合牌牙刷在不断挖空心思改进产品，而贝斯特博士牙刷则位居低价牙刷行列，没有新产品可供推出。当时出现了一种技术上并不新奇的创意，这就是"摇摆式"牙刷。摇摆式牙刷的好处是保护齿龈，可当时很少有消费者会担心牙刷会伤害齿龈，除非是严重的牙周炎患者。但是，当贝斯特博士推出他拿手的"番茄类比法"时，情况却为之一变。博士在电视广告中亲自表演。观众看到，番茄柔软的皮（类比齿龈）是如何在普通牙刷的压力下破裂，并使番茄果肉绽出的。然而，贝斯特博士的摇摆式牙刷却可以避免这一弊端。这一广告宣传攻势在第一年使"摇摆式"牙刷销量增长52%，两年之后则猛增154%。如今，贝斯特博士牙刷在"摇摆式"牙刷市场上独领风骚。

二、广告媒体的特点

广告要通过各种媒体进行传播，以达到广而告之的目的。广告媒体是多种多样的，且各有各的特点。企业在选择广告媒体时，必须了解主要媒体的覆盖面、再现率和影响。表7-1总结了主要媒体的优势和局限。

表7-1　主要媒体简介

媒体	优点	缺点
报纸	灵活、及时，良好的当地市场覆盖面，读者广泛，可信度高	时效短，制作质量差，转嫁读者少
杂志	地理及人口选择性强，可信度高，制作质量好，读者阅读时间长	购买版面时间长，费用高，位置无保证
广播	当地接受良好，地理及人口选择性强，费用低	只有听觉效果，宣传短暂，注意力较差，听众零星分散
电视	良好的大规模市场覆盖率，平均费用低，结合视、听及动作，诉诸感官，感染力强	绝对费用高，内容庞杂，宣传短暂，观众可选择性差
网络	网络广告优于平面媒体，它可以更加细致、精确、快速地让用户查找到自己需要的信息，交互性强，针对性强，受众数量可准确统计，实时、灵活、成本低，具有强烈的感官性	新兴的媒体，广告受众有待于进一步扩大
户外广告（不成形）	灵活性好，复现率高，费用低，媒体竞争少，位置选择灵活	观众选择性差，创造性差

趣味讨论

你碰到过哪些形式的户外广告？

三、影响媒体选择的因素

选择媒体种类时，除应了解各主要媒体的特点外，还应考虑以下一些因素：

（1）目标顾客习惯、偏好。

［例］对青少年顾客采取电视广告效果最好。

（2）产品种类。

［例］为妇女服装做广告，选择彩色印刷的杂志广告最有吸引力。

（3）广告具体信息。选择何种媒体与广告信息本身有着密切的关系。

［例］复杂的技术信息在广播、电视中难以说清，而通过报纸或专业杂志效果则比较好。

（4）成本费用。不同的广告媒体，费用支出存在着很大的差异。

［例］电视广告成本较高，报纸广告成本则相对较低。

企业应根据各类媒体的特点，结合上述诸因素来选择适当的媒体。

要点警句

媒体选择应考虑目标顾客习惯、产品种类、广告具体信息、成本费用等因素。

四、广告的目标

广告宣传的目的是将产品信息传播给所选择的目标市场。广告目标是由企业的经营目标决定的，广告信息传播应紧密配合企业的经营活动来进行。目标可以根据主要目的来划分，包括告知、劝说或提醒（见表7-2）。

表7-2　广告目标

类型	侧重点	达到目标
告知广告	向市场推荐新产品，介绍新产品的用途，解释产品的使用	说明可得到的功能，纠正错误印象，减少顾客畏惧心理，建立公司形象

（续上表）

类型	侧重点	达到目标
劝说广告	建立品牌优势，鼓励选择新品牌，改变顾客对产品特性的理解	鼓励顾客立即购买，并接受销售呼吁
提醒广告	让顾客意识到不久的将来将会用到此产品，让顾客知道到何处去购买	在销售淡季让顾客记住此产品，让顾客在需要时首先能想到该产品

五、广告的基本要求

企业在进行广告宣传时必须遵循以下要求：

（一）计划性和效益性

企业设计和制作广告要先做好市场调查和预测，制定营销的全盘规划；要从实际出发，有的放矢，既要节省开支，又要注意效率，从而提高经济效益。

（二）真实性

广告的内容必须真实，即企业必须实事求是地向消费者介绍商品的使用价值，切不可采取欺骗的手段，损害消费者利益。

（三）思想性

广告的文字、图画、音乐等必须符合党和国家的方针、政策、法律法规，反映现代特色和道德传统，健康向上，成为精神文明的传播者。

（四）艺术性

广告应精心设计、形式新颖，给人以较高的艺术享受，使消费者从中得到教育和启发、受到感染，达到既能诱导消费，又能充实和更新人们的精神生活的目的。

课堂练习

影响媒体选择的因素有（　　）。

A. 目标顾客习惯、偏好　　　　B. 产品种类

C. 广告具体信息　　　　D. 成本费用

课后思考

哪一个广告让你印象最深刻？为什么？

第四节 营业推广

一、营业推广的概念

营业推广是厂商为刺激消费者购买和吸引经销商大批经营所采用的一种短期促销措施。

二、营业推广的作用

（一）可以吸引消费者购买

这是营业推广的首要目的，尤其是在推出新产品或吸引新顾客方面，由于营业推广的刺激性比较强，较易吸引顾客的注意力，使顾客在了解产品的基础上采取购买行为，也可使顾客由于追求某些方面的优惠而使用产品。

（二）可以奖励品牌忠实者

因为营业推广的很多手段，譬如销售奖励、赠券等通常都附带价格上的优惠，其直接受惠者大多是经常使用本品牌产品的顾客，从而使他们更乐于购买和使用本企业产品，以巩固企业的市场占有率。

（三）可以实现企业的营销目标

这是企业的最终目的。营业推广实际上是企业让利于购买者，它可以使广告宣传的效果得到有力的增强，以降低消费者对其他企业产品的品牌忠实度，从而达到销售本企业产品的目的。

［例］某公司"买月饼过中秋"的营业推广方案

（1）买中秋月饼送可口可乐。

买90元以上中秋月饼送355 mL可口可乐2听。（价值3.6元）

买200元以上中秋月饼送1 250 mL可口可乐2瓶。（价值9.2元）

买300元以上中秋月饼送2 000 mL可口可乐2瓶。（价值13.6元）

（2）礼篮：分为298元、198元、98元3个档次。

298 元礼篮：七星香烟 + 加州乐事 + 价值 80 元中秋月饼 + 脑白金。

198 元礼篮：双喜香烟 + 丰收干红 + 价值 60 元中秋月饼 + 脑轻松。

98 元礼篮：价值 40 元中秋月饼 + 20 元茶叶 + 加州西梅。

（3）在促销期间，凡在卖场购满 300 元者，均可获赠一盒精美月饼（价值 20 元）。

（4）在 9 月 10 日"教师节"进行面向教师的促销：凡 9 月 9～10 日两天购物与消费的教师，凭教师证可领取一份精美月饼或礼品（价值 20 元左右）。

三、营业推广的步骤

企业在利用营业推广方式进行促销前，一般分为以下 5 个步骤：

（一）确定营业推广目标

企业的营业推广目标主要有 3 类：

1. 针对消费者的营业推广目标

（1）对已使用本企业产品的人，可以使其更多地购买；

（2）对正在使用其他品牌产品的人，吸引其转向使用本企业产品；

（3）对未使用过本企业产品的人，争取他们试用本企业产品。

2. 针对经销商的营业推广目标

（1）鼓励经销商大量进货，增加商品储存，特别是季节性商品；

（2）鼓励经销商持续地经销本企业的商品，建立固定的产销关系，以培养经销商的品牌忠诚度；

（3）争取新的零售商。

3. 针对推销人员的营业推广目标

（1）鼓励推销人员大力推销新产品；

（2）为老产品寻找更多的潜在顾客，开拓新市场；

（3）大力推销过季或积压产品等。

（二）选择营业推广方式

目前，企业开展的营业推广主要有 3 类：适合消费者的营业推广方式，适合经销商的营业推广方式，适合销售人员的营业推广式。以下主要介绍适合消费者的营业推广方式：

1. 赠送促销

指向消费者赠送样品或试用品。赠送样品是介绍新产品最有效的方法，但也存在销售费用高的缺点。样品可以选择在商店或闹市区散发，或在其他产品中附送，也可以公开赠送广告，或入户派送。

图 7 - 2 化妆品试用宣传海报

2. 折价券

在购买某种商品时，持券可以免付一定费用。折价券可以通过广告或直邮的方式发送。

图 7 - 3 折价券宣传海报

3. 包装促销

以较优惠的价格提供组合包装和搭配包装的产品。

图 7-4　多芬促销套装

4. 抽奖促销

顾客购买一定的产品之后可获得抽奖券，凭券进行抽奖以获得奖品或奖金。抽奖可以有多种形式。

图 7-5　抽奖轮盘

5. 现场演示

企业派促销员在销售现场演示本企业的产品，向消费者介绍产品的特点、用途和使用方法等。

6. 联合推广

企业与零售商联合促销，将一些能显示企业优势和特征的产品在商场集中陈列，边展销边销售。

7. 参与促销

消费者通过参与各种促销活动，如技能竞赛、知识比赛等活动，从而获取企业的奖励。

图 7-6 超市有奖知识竞赛宣传海报

8. 会议促销

在各类展销会、博览会、业务洽谈会期间进行各种现场的产品介绍、推广和销售活动。

其他还有产品保证、有奖销售、交易印花、特价包装等方式。

（三）推广的配合安排

营业推广要与营销沟通的其他方式如广告、人员销售等整合起来，相互配合，共同使用，从而形成营销推广期间的更大声势，以取得更好的效果。

（四）确定推广时机

营业推广的市场时机选择很重要，如季节性产品，节日、礼仪产品必须在季节前作营业推广，否则就会错过了时机。

（五）确定推广期限

推广期限是指营业推广活动持续时间的长短。推广期限要恰当，如果过长，会使消费者丧失新鲜感，产生不信任感；如果过短，则一些消费者就来不及接受营业推广的实惠。

（六）测试营业推广方案

在具体运用某种营业推广方式之前，如果有条件，应对这种方式进行事先预测，或参考同类企业同样规模下的营业推广的效果，以保证大规模营业推广的安全性和有效性。

课堂练习

1. 促销活动一般包括人员推销、广告、公共关系和_____。

2. 目前常用的促销预算的方法有（   ）。

A. 量力支出法　　　　　　　　B. 销售额比例法

C. 竞争对等法　　　　　　　　D. 目标任务法

课后思考

由于互联网的迅猛发展，各种促销方式在网络上都有运用。怎样利用网络进行营业推广？

第五节 公共关系

一、公共关系的概念

所谓公共关系，就是利用各种传播手段，沟通内外部关系，塑造自身的良好形象，为企业的生存和发展创造良好环境的管理艺术。公共关系作为策略组合中的一种重要工具，它的目标是追求长远利益，即通过公共关系赢得经销商和广大顾客的信任，获得各地各级政府的支持，影响潜在的购买者，树立企业的良好形象，从而长久地占有市场和拥有顾客。公共关系的独特功能和作用，正日益为企业所认识和重视。

二、公共关系的基本特征

（一）形象至上

在公众中塑造、建立和维护组织的良好形象是公共关系活动的根本目的，良好的形象是企业最大的财富，是组织生存和发展的出发点和归宿。企业的一切工作都是围绕顾客而展开，失去了社会公众的支持和理解，组织也就没有存在的必要了。

（二）沟通为本

通过交流和信息共享过程，才形成了组织与公众之间的共同利益和互动关系。这是公共关系区别于法律、道德和制度等意识形态的地方。在这里，组织和公众之间可以进行平等自愿的、充分的信息交流和反馈，没有任何强制力量，双方都可畅所欲言，因而能最大限度地消除双方的误解。

（三）互惠互利

对于一个社会组织而言，应该追求自身利益的最大化，但很多组织在这一过程中却迷失了。有的为求得一时之利，却失去更多，甚至什么也没

得到。造成这种现象的根本原因就在于，利益从来都是相互的，从来没有一厢情愿的利益。在人际交往中人们常说，与人方便就是与己方便，而对社会组织而言，同样只有在互惠互利的情况下，才能真正达到自身利益的最大化。

组织的公共关系工作之所以有成效，之所以必要，恰恰在于它能协调双方的利益。通过公共关系，可以实现双方利益的最大化，这也是具备公关意识的组织和不具备公关意识的组织的最大区别。

［例］微软公司销售 IBM 个人电脑上使用的是视窗操作系统。视窗结合 IBM 个人电脑，最大竞争者是苹果公司的麦金托什电脑。苹果公司和微软公司多年来一直争夺市场占有率，但他们不仅是竞争者，也是伙伴，为什么呢？因为微软也生产用于麦金托什电脑上的文书处理和试算表软件。没有微软公司的软件，较少有人愿意购买麦金托什电脑；没有麦金托什电脑，微软公司也损失部分利润丰厚的应用软件市场。这两家公司的关系即为竞合关系——某个领域内合作，某个领域内竞争。如果微软公司和苹果公司都视对方为死敌，这样的关系便无法存在。只有双方领导人都抛弃狭隘的军事心态，不再沉溺于毁灭竞争者的念头里，进行动机良好的竞争，甚至与竞争者合作以炒热市场，大家才能获得更丰厚的利润。

（资料来源：http：//www.chinatat.com/new/184_292/2009a8a21_sync97001941571128900219257.shtml）

（四）真实真诚

追求真实是现代公共关系工作的基本原则。自从"现代公关之父"美国人艾维·李（Ivy Lee）提出"讲真话"的原则以来，告诉公众真相便一直是公关工作的不二信条。尤其是现代社会，信息及传媒手段空前发达，这使得任何组织都无法长期封锁和控制消息，隐瞒真相，欺骗公众。正如美国总统林肯所说，你可以在某一时刻欺骗所有人，也可以在所有时刻欺骗某些人，但你绝对不能在所有时刻欺骗所有人。真相总会被人知道，因此公共关系强调真实原则，要求公关人员实事求是地向公众提供真实信息，以取得公众的信任和理解。

（五）长远观点

由于公共关系的工作是协调沟通、树立组织形象、建立互惠互利关系的过程，这个过程既包括向公众传递信息的过程，也包括影响并改变公众态度的过程，甚至还包括组织转型、改变现有形象、塑造新形象的过程。所有这一切，都不是一朝一夕就能完成的，必须经过长期艰苦的努力。因此，在公共关系工作中，公共关系组织和公关人员不应计较一城一池之得失，而要着眼于长远利益，只要持续不断地努力，付出总会有回报。

三、公共关系的种类

（一）媒介关系

即企业与新闻界的关系。新闻媒体如报纸、杂志、广播、电视等都承担着传播信息、引导舆论、促进供需平衡的社会功能，企业必须十分注意与媒介的关系。

（二）消费者关系

即企业与消费者的关系。"消费者是企业的衣食父母"，"顾客是上帝"，与消费者的关系是企业的生命线。

（三）政府关系

即企业与当地政府的关系，也包括企业与国外政府的关系。企业通过公共关系手段，加强与政府的联系，可以影响政府的政策，从而得到政府的支持。

四、公共关系的形式

（一）公关宣传

即将企业的新产品、新服务项目、新的销售手段等信息，及时、有效地传递给消费者。常见的形式有新闻公报、记者招待会、各种宣传资料、策划新闻事件等。

[例] 杭州凯地丝绸股份公司成立于 1993 年，是由国家、企业职工和外商共同持股的综合型丝绸出口集团。如今凯地丝绸已经成为国际市场的名牌，深受海内外客户的欢迎。谈到凯地丝绸获得成功的秘诀，还要从媒介传播说起。当时该公司作为商业大潮中的新生儿，为了扩大社会知名度，决定生产丝绸报纸，通过独具创意的公关宣传和媒介报道，以塑造企业的整体形象，渗透消费者心理。同时，中国革命历史博物馆得知世界首版丝绸报纸诞生，也要求收藏和展出。该决策过程如下：

（1）调研。以丝绸为材料印刷报纸属新闻界和印刷史上的创举，具有高度的新闻价值和保存价值。

（2）目标。以有限的公关宣传费，巧妙借助丝绸报纸这一独特载体，赢得媒介和公众的热切注视。

（3）公关策划创意。杭州国际公关公司为其策划，以丝绸为材料印制浙江省内独家旅游服务报《江南游报》，并向中国丝绸博物馆、中国革命历

史博物馆赠送世界首创的丝绸报纸。

（4）执行。《江南游报》丝绸版共印刷 100 份。1993 年 6 月 15 日，杭州国际公关公司在北京为该公司举行了向中国革命历史博物馆赠送丝绸报纸的仪式。据行家评价，该报纸阅读和观赏效果极佳，反映了当代先进的真丝印花科技水平。

（5）评估。世界首创丝绸报被国内 20 余家报纸、电视台集中报道达 30 余次，海内外受众人数达 2 500 万人次。丝绸报的宣传活动，既证实了中国高超的印丝术，也树立了该公司的形象，从此开创了丝绸报纸的先河。

（二）公关活动

即企业通过一系列的公关活动，达到促销目的。具体形式有消费者接待日、开放参观日、社会赞助等，以宣传企业产品，促进销售。

（三）公共关系专题活动

即通过有广泛社会影响的活动，将企业与广大公众紧密联系在一起，从而促进销售，具体形式有礼仪式、专题竞赛活动、学术研讨会等，如青岛啤酒梦想中国大型活动。

［例］1986 年 10 月，高莉莉就任上海金沙江大酒店公关部经理时，酒店还默默无闻。1987 年秋，高莉莉从她的记者朋友处得知，著名的日本影星中野良子将偕她的新婚丈夫来北京、上海访问。她马上意识到这是酒店开展公共关系活动借以提高知名度的好机会。于是，她立即采取了一系列措施，争取到了接待客人的机会。然后又直接给尚在北京的中野良子打电话，请她来上海时下榻金沙江。对方应允后，高小姐立刻带领工作人员进行策划和准备。

客人晚上到酒店，等待他们的是一个洋溢着浓烈的喜庆气氛的"迎亲"场面。在一片热烈的鞭炮声里，中野良子夫妇被 40 多位中外记者及酒店上百名员工簇拥进一个中国传统式的"洞房"。房间正墙上大红"喜"字熠熠生辉，两旁的对联上写着"富士山头紫燕双飞白头偕老，黄浦江畔鸾凤和鸣永结同心"。在笑声、掌声此起彼伏的"闹洞房"仪式中，新婚夫妇还品尝了象征"甜甜蜜蜜"、"早生贵子"的哈密瓜、桂圆、红枣等，在异国他乡度过了一个难忘的欢乐之夜。

当晚，在场的记者们纷纷报道了这则饶有情趣的新闻，上海金沙江酒店也随着这些报道在一夜之间扬名海内外，在中国公众和日本公众中留下了深刻而美好的印象。

趣味讨论

请大家以小组形式讨论，为班级的一次活动筹集经费。

课堂练习

1. 企业开展促销活动一般采用的四种方式是广告、人员推销、_____和营业推广。

2. 公共关系具备（　　）特征。

A. 真实真诚 　　　　　　　　B. 平等互利

C. 形象至上 　　　　　　　　D. 沟通为本

课后思考

公共关系和我们在日常生活中听到的"宣传报道"两者之间有什么区别？

第六节　促销组合

前面介绍了促销的 4 种最基本的方式，那么在日常的促销活动中，该怎样把这些促销的方式和手段结合起来，最大限度地发挥其对商品的宣传和促进销售的作用呢？这就涉及促销组合的问题。

一、促销组合的概念

促销组合是指把广告、公共关系、营业推广、人员推销等各种促销方式组合为一个策略系统，使企业的全部促销活动能够互相配合、协调一致，最大限度地发挥整体效果，从而顺利实现促销目标。

促销组合是一个重要概念，体现了市场营销理论的核心思想——整体营销。

二、各种促销方式的优缺点

促销的各种方式，各有其优缺点，如表 7-3 所示：

表 7-3 各种促销方式优缺点比较表

促销方式	优点	缺点
人员推销	直接沟通信息和反馈，可以当面促成交易	占用人员多，费用高，接触面窄
广告	传播面广，形象生动，节省人力	信息单项传递，只能对一般消费者，难以立即成交
公共关系	影响面广，信任度高，可提高企业知名度和声誉	花费力量较大，效果难以控制
营业推广	吸引力大，激发购买欲望，可促成消费者的即时购买行为	接触面窄，有局限性，有时会降低产品身份

三、影响促销组合的因素

（一）产品类型与特点

一般情况下，从事消费品营销的企业，促销方式依次为：
广告→营业推广→人员推销→公共关系。
而对从事工业品销售的企业而言，促销方式则依次为：
人员推销→营业推广→广告→公共关系。

（二）采取"推动"策略还是"拉引"策略

（1）"推动"策略：生产企业→批发商→零售商→消费者。
（2）"拉引"策略：消费者→零售商→生产企业。
"推动"策略是用各种推销方法和手段，通过营销渠道把商品由生产者"推"到批发商，再由批发商"推"到零售商，最后由零售商再"推"到消费者那里。"拉引"策略则把主要精力用在做广告和吸引消费者上。
在"推动"策略下，人员推销的作用最大。在"拉引"策略下，广告的作用则更大些。

趣味讨论

请举出一些企业采取"推动"或"拉引"策略的小例子。

（三）顾客的购买过程

顾客的购买过程一般分为 4 个阶段，即知晓、了解、确信和购买。在不同购买阶段，企业应采取不同的促销组合策略。

在知晓阶段，以广告和公共关系为主；在了解阶段，以广告和人员推销为主；在确信阶段，仍以人员推销和广告为主；在购买阶段，以人员推销为主。

（四）产品市场寿命周期

产品的市场寿命周期一般为 4 个阶段，即投入期、成长期、成熟期和衰退期。处于不同阶段的产品，促销的重点目标不同，所采用的促销方式也有所区别。在投入期，需要对产品进行广泛的宣传，以提高其知名度，因而广告和公共关系的效果最佳，营业推广也有一定作用。在成长期，广告和公共关系仍需加强，营业推广可相对减少。到了成熟期，应增加营业推广，削减广告，再辅之以人员推销，以进一步扩大销售。产品进入衰退期后，营业推广可继续使用，广告只起提醒作用。

课堂练习

1. 促销组合体现的市场营销理论的核心思想是_____。
2. 属于"拉引"策略的促销活动是（　　）。

A. 演示推销　　　　　　　　　B. 信誉推销

C. 售后服务　　　　　　　　　D. 设点推销

课后思考

怎样把网络更好地融入促销组合中，使促销的效果更好？

本章汇总

一、促销的含义

促销，即促进销售，是指企业通过人员促销和其他方式，沟通企业与消费者之间的信息，从而引发、刺激消费者的消费欲望和兴趣并使其产生购买行为的活动。

对这个定义，我们可以从以下 2 个方面进行理解：

（1）促销的目的是在短期内引发、刺激消费者产生购买行为；

（2）促销活动的实质是一种沟通活动。

二、促销方式

（1）人员推销。人员推销是指企业派出人员直接与消费者或客户接触，以达到销售商品或服务以及宣传企业的目的的促销活动。

（2）广告。是指由商业组织、非商业组织或个人支付费用，用于宣传商品或服务的大众传播行为。广告的主要媒介有电视、广播以及报纸、杂志等；近些年来，由于网络盛行，其也成为重要的广告阵地。

（3）公共关系。是指企业为塑造、传播和维护自身的形象而利用各种传播手段与企业外部的有关公众进行沟通的活动，如赞助、募捐、慈善、记者招待会等。

（4）营业推广。通常也叫特种推销。是指企业为激励顾客的购买行为，在短期内采取的除以上 3 种形式之外的其他特殊的营业方法，如打折、回扣、赠品等。

三、预算方法

量力支出法、销售额比例法、竞争对等法、目标任务法等。

四、推销的流程

寻找顾客→推销约见与接近→推销洽谈→顾客异议处理→成交。

五、影响媒体选择的因素

（1）目标顾客习惯、偏好；
（2）产品种类；
（3）广告具体信息；
（4）成本费用。

六、广告的目标的种类

告知广告、劝说广告、提醒广告。

七、广告的基本要求

计划性和效益性、真实性、思想性、艺术性。

八、营业推广

营业推广是指厂商为刺激消费者购买或吸引经销商大批经营所采用的一种短期促销措施。

九、公共关系

所谓公共关系，就是利用各种传播手段，沟通内外部关系，塑造自身良好形象，为企业的生存和发展创造良好环境的管理艺术。

十、促销组合

促销组合是指把广告、公共关系、营业推广、人员推销等各种促销方式组合为一个策略系统，使企业的全部促销活动互相配合、协调一致，最大限度地发挥整体效果，从而顺利地实现促销目标。促销组合是一个重要概念，它体现了市场营销理论的核心思想——整体营销。

十一、影响促销组合的因素

（1）产品类型与特点；
（2）采取"推动"策略还是"拉引"策略；
（3）顾客的购买过程；

（4）产品市场寿命周期。

课后练习

一、填空题

1. 促销，即_____，是指企业通过促销人员或其他方式，沟通企业与消费者之间的信息，从而引发、刺激消费者的消费欲望和兴趣并使其产生购买行为的活动。

2. 促销的方式主要有_____ 、广告、_____ 和公共关系。

3. 最古老的促销方式是_____ 。

4. 人员推销的方式主要有上门推销、店堂推销和_____ 。

5. 根据主要目的，广告目标可以划分为告知广告、_____和提醒广告。

6. _____ 是厂商为刺激消费者购买和吸引经销商大批经营所采用的一种短期促销措施。

7. 公共关系的基本特征包括形象至上、沟通为本、互惠互利、真实真诚和_____ 。

8. 传统的广告媒体包括报纸、杂志、广播和_____ 。

9. 人员推销的流程包括寻找顾客、推销约见和接近、_____和成交。

10. 在众多广告媒体中，广告效果最好的是_____ 。

11. 促销策略可以分为_____ 策略和_____ 策略。

二、单选题

1. 由商业组织、非商业组织或个人支付费用，用于宣传商品或服务的大众传播行为被称为（   ）。
A. 广告宣传   B. 人员推销   C. 公共关系   D. 营业推广

2. "直接沟通信息和反馈，可以当面促成交易"是哪种促销方式的优点？（   ）
A. 广告宣传   B. 人员推销   C. 公共关系   D. 营业推广

3. "花费力量较大，效果难以控制"是哪种促销方式的缺点？（   ）
A. 广告宣传   B. 人员推销   C. 公共关系   D. 营业推广

4. "传播面广，形象生动，节省人力"是哪种促销方式的优点？（   ）

A. 广告宣传　　B. 人员推销　　C. 公共关系　　D. 营业推广

5. "吸引力大，激发购买欲望，可促成消费者的即时购买行为"是哪种促销方式的优点？（　　）

A. 广告宣传　　B. 人员推销　　C. 公共关系　　D. 营业推广

6. 通过促销活动，使商品销售额比促销前有所增加。这是促销目标中的（　　）。

A. 销售增长率　B. 市场占有率　C. 品牌知名度　D. 品牌美誉度

7. 企业根据目前或预期的销售额确定促销费用，使促销费用与销售额之间保持一定比例。这是促销预算中的（　　）。

A. 量力支出法　　　　　　　　B. 销售额比例法
C. 竞争对等法　　　　　　　　D. 目标任务法

8. 推销人员为进行推销洽谈而与潜在目标顾客进行的正式接触或访问，直接关系到整个推销洽谈的成败。这是人员推销流程中的（　　）。

A. 寻找顾客　　　　　　　　　B. 推销约见与接近
C. 推销洽谈　　　　　　　　　D. 成交

9. 由推销员携带样品、说明书和订货单等上门拜访顾客，推销产品。这是人员推销形式中的（　　）。

A. 上门推销　　B. 店堂推销　　C. 柜台推销　　D. 会议推销

10. 利用各种会议的形式介绍和宣传商品，集中推销商品。这是人员推销形式中的（　　）。

A. 上门推销　　B. 店堂推销　　C. 柜台推销　　D. 会议推销

11. "灵活、及时，良好的当地市场覆盖面，读者广泛，可信度高"是哪种广告媒体的优点？（　　）

A. 报纸　　　B. 杂志　　　C. 广播　　　D. 电视

12. "购买版面时间长，费用高，位置无保证"是哪种广告媒体的缺点？（　　）

A. 报纸　　　B. 杂志　　　C. 广播　　　D. 电视

13. "当地接受良好，地理及人口选择性强，费用低"是哪种广告媒体的优点？（　　）

A. 报纸　　　B. 杂志　　　C. 广播　　　D. 电视

14. "绝对费用高，内容庞杂，宣传短暂，观众可选择性差"是哪种广告媒体的缺点？（　　）

A. 报纸　　　B. 杂志　　　C. 广播　　　D. 电视

15. "灵活性好，复现率高，费用低，媒体竞争少，位置选择灵活"是哪种媒体的优点？（　　）

A. 报纸　　　B. 杂志　　　C. 户外广告　　D. 电视

16. "向市场推荐新产品，介绍新产品的用途，解释产品的使用"是哪种广告的侧重点？（　　）

A. 告知广告　　　B. 劝说广告　　　C. 提醒广告　　　D. 叫卖广告

17. "鼓励顾客立即购买并接受销售呼吁"是哪种广告要达成的目标？（　　）

A. 告知广告　　　B. 劝说广告　　　C. 提醒广告　　　D. 叫卖广告

18. "让顾客意识到不久的将来将会用到此产品，让顾客知道到何处去购买"是哪种广告的侧重点？（　　）

A. 告知广告　　　B. 劝说广告　　　C. 提醒广告　　　D. 叫卖广告

19. 通过交流和信息共享过程，才形成了组织与公众之间的共同利益和互动关系。这是公共关系基本特征中的（　　）。

A. 形象至上　　　B. 沟通为本　　　C. 互惠互利　　　D. 真实真诚

20. 在顾客购买过程中，以广告和公共关系为主的购买阶段是（　　）。

A. 知晓阶段　　　B. 了解阶段　　　C. 确信阶段　　　D. 购买阶段

21. 在顾客购买过程中，以人员推销为主的购买阶段是（　　）。

A. 知晓阶段　　　B. 了解阶段　　　C. 确信阶段　　　D. 购买阶段

22. 在"推动"策略下，哪种促销方式作用最大？（　　）

A. 广告宣传　　　B. 人员推销　　　C. 公共关系　　　D. 营业推广

23. 在"拉引"策略下，哪种促销方式作用最大？（　　）

A. 广告宣传　　　B. 人员推销　　　C. 公共关系　　　D. 营业推广

三、多选题

1. 促销的方式主要有哪些？（　　）

A. 广告宣传　　　B. 人员推销　　　C. 公共关系　　　D. 营业推广

2. 促销的作用主要包括哪些内容？（　　）

A. 提供商品信息　　　　　　B. 突出产品特点，提高竞争力

C. 强化企业形象，巩固市场地位　D. 提高知名度和美誉度

3. 促销的目标主要是什么？（　　）

A. 销售增长率　　B. 市场占有率　　C. 品牌知名度　　D. 品牌美誉度

4. 企业常用的预算方法主要有（　　）。

A. 量力支出法　　　　　　　B. 销售额比例法

C. 竞争对等法　　　　　　　D. 目标任务法

5. 人员推销的形式有哪几种？（　　）

A. 上门推销　　　B. 店堂推销　　　C. 电话推销　　　D. 会议推销

6. 人员推销作为一种促销方式，其优点有（　　）。

A. 沟通信息直接　　　　　　B. 反馈及时

C. 可当面促成交易　　　　　D. 节省人力

7. 下列是说报纸缺点的是（　　）。

A. 时效短　　　　　　　　　B. 购买版面时间长

C. 制作质量差　　　　　　D. 宣传短暂

8. 适合消费者的营业推广方式有（　　）。

A. 赠送促销　　B. 推广津贴　　C. 折价券　　　D. 现场演示

9. 公共关系的基本特征包括（　　）。

A. 形象至上　　B. 沟通为本　　C. 互惠互利　　D. 长远观点

四、判断题

1. 促销的目的是在长期内引发、刺激消费者产生购买行为。（　　）

2. 促销活动的实质是一种沟通活动。（　　）

3. "传播面广，形象生动，节省人力"是人员推销的优点。（　　）

4. "花费力量较大，效果难以控制"是营业推广的缺点。（　　）

5. "吸引力大，激发购买欲望，可促成消费者的及时购买行为"是营业推广的优点。（　　）

6. 赞助、募捐、慈善和记者招待会等是营业推广的形式。（　　）

7. 打折、回扣、赠品等是公共关系的形式。（　　）

8. 广告是促销方式中最古老的形式。（　　）

9. "由营业员、导购员或服务人员等接待顾客，销售商品"是人员推销中的店堂推销。（　　）

10. 展销会、订货会等属于人员推销中的会议推销。（　　）

11. "时效短，制作质量差，转嫁读者少"是报纸的缺点。（　　）

12. "当地接受良好，地理及人口选择性强，费用低"是广播的优点。（　　）

13. "灵活性好，复现率高，费用低，媒体竞争少，位置选择灵活"是户外广告的优点。（　　）

14. "观众选择性差，创造性差"是网络媒体的缺点。（　　）

15. 为妇女服装做广告，选择彩色印刷的杂志广告最有吸引力。（　　）

16. 电视成本较高，报纸广告成本则相对较低。（　　）

17. 对青少年采取报纸广告效果最好。（　　）

18. 会议促销是适合批发商的营业推广方式。（　　）

19. 推广津贴是适合消费者的营业推广方式。（　　）

20. 年终分红是适合推广人员的营业推广方式。（　　）

五、简答题

1. 促销的主要方式包括哪些？

2. 人员推销的优缺点分别是什么？

3. 人员推销的形式包括哪些？
4. 根据主要目的来划分，广告目标可以分为哪些？
5. 影响促销组合的因素分别是什么？

案例分析

上海霞飞化妆品厂针对促销对象，设计了两种类型的促销组合：（1）以最终消费者为对象的促销组合。基本策略是：以塑造产品形象为目标的广告宣传活动，并辅之以一定的零售点营业推广活动。（2）以中间商为对象的促销组合。基本策略是：以人员促销为主导要素，配合以交易折扣和耗费巨大的年度订货会为主要特征的营业推广活动。霞飞厂在制定两种促销组合策略的基础上，对促销组合的几个方面都做了十分广泛而深入的工作。

在广告方面，广告策划历年由厂长亲自决策。（1）广告费投入十分庞大，1991年为2400万元，占当年产值的6%。（2）广告内容的制作，除聘请著名影星参与外，还把强化企业整体形象作为重点，播映一部以"旭日东升"为主题的电视广告片，同时利用中国驰名商标的优势，强调"国货精品"、"中华美容之娇"的品质。（3）在广告媒体的选择方面，因其目标市场是国内广大中低收入水平的消费者，而电视在他们日常生活中占有重要地位，因而把70%的费用用于电视广告，20%的费用用于制作各种形式的城市商业广告和霓虹灯、广告牌，其余10%的费用用于其他形式的广告媒体。

在人员推销方面，全厂产品的销售任务由销售科全面负责，该科建制占全厂总人数的十分之一。推销人员实行合同制，每年同厂方签订为期1年的合同。推销人员若不能完成销售指标，第二年即不续签。推销人员的报酬实行包干制，无固定月薪收入，按销售实到货款提取0.5%的费用。推销人员工作实行地区负责制，每一省区配1~3名推销人员。此外，还派出营业员进驻全国各大百货商店的联销专柜，提高推销主动性。

在公共关系方面，每年投入120万~150万元左右，主要公关活动有：（1）召开新闻发布会。例如1990年在北京人民大会堂召开"霞飞走向世界"新闻发布会，会议地点本身就产生不小的新闻效应。（2）举办和支持社会公益活动。如赞助"全国出租车优质服务竞赛"、上海"间应急电话网络"，特别是针对女性对文艺活动的偏好等特点，赞助华东地区越剧大奖赛。

在营业推广方面，霞飞厂对零售环节采取一些常规性的推广活动，创新不大，对批发环节则集中了主要精力，主要包括2类手段：（1）经常性手段，如交易折扣、促销津贴等。（2）即时性手段，每年都举办隆重的订货会，既显示企业强大的实力，同时又进行感情投资，融洽工商关系。

思考：你如何评价霞飞化妆品的促销策略？（从几种促销方式的角度分别来谈）

参考文献

1. 冯金祥，张再谦．市场营销知识．北京：高等教育出版社，2002.

2. 孙天福．市场营销基础．上海：华东师范大学出版社，2005.

3. 陈育林．市场营销．北京：中国科学技术出版社，2003.

4. 菲利普·科特勒．营销管理．10版．北京：中国人民大学出版社，2001.

5. 蔡燕农．市场营销．3版．北京：中国商业出版社，2006.

6. 朱立．市场营销经典案例．北京：高等教育出版社，2004.

7. 万晓，王耀球．市场营销学．北京：中国铁道出版社，2004.

8. 成功企业研究编委会．成功企业市场营销之道．呼和浩特：内蒙古文化出版社，2001.

9. 吴建安．《市场营销学》学习指南和练习．北京：高等教育出版社，2003.

10. 万成林．市场学原理．天津：天津大学出版社，2004.

11. 何永祺，傅汉章．市场学原理．广州：中山大学出版社，1997.

12. 曾晓洋，胡维平．市场营销学案例集．上海：上海财经大学出版社，2005.

13. 耿锡润．营销管理学．北京：中国金融出版社，2007.

14. 吴建安．市场营销学．3版．北京：高等教育出版社，2007.

15. 菲利普·科特勒．营销管理．12版．上海：上海人民出版社，2006.

16. 菲利普·科特勒．营销管理．北京：清华大学出版社，2007.

17. 邱斌．中外市场营销经典案例．南京：南京大学出版社，2001.

18. 吴宪和．市场营销学．上海：上海财经大学出版社，2002.

19. 张卫东．市场营销理论与实训．北京：电子工业出版社，2005.

20. 陈延庆．试论国际市场营销环境中的文化因素及其作用．商业研究，2000（9）：113～115.

21. 李雪平．简论企业的市场营销环境．经济与管理，2000（4）：64～65.

22. 袁慎祥，鲁国艳．营销环境新变化．商业研究，2002，D6（下半月版）：109～110.

23. 屈云波. 营销战略策划. 北京：中国商业出版社，1994.

24. 叶万春. 市场营销策划. 北京：清华大学出版社，2005.

25. 董方雷. 有效的分销管理. 北京：北京大学出版社，2003.

26. 维瑟拉·R. 拉奥，乔尔·H. 斯特克尔. 战略营销分析. 北京：中国人民大学出版社，2001.

27. 周长浩. 高科技产品的分销渠道策略. 培训与研究（湖北教育学院学报），2002，19（2）：103～104.

28. 宋安军，蔡科. 分销渠道误区. 企业管理，2003（3）：55～56.

再版后记

　　中等职业学校承担着紧缺型人才培养的重任，必须注重学生以就业为导向、以学习者为中心的职业能力的培养。本着从社会发展对高素质劳动人才和中初级专门人才需要的实际出发，注重对学生的创新精神和实践能力培养的原则，多位专业水平高、教学经验丰富、实践能力强的职中专业教师共同编写了本教材。本教材在理论体系、组织结构等方面均作了一些新的尝试。

　　这次再版，我们吸收和采纳了各校的教材使用反馈意见，对本书进行了修订和补充。再版仍由曹艳琴、周翠俭担任主编，负责全书的修改策划和统筹，直接指导具体修改工作，并撰写了前言、后记和书中的有关章节。书中各章的具体撰写人员是：广东省佛山市顺德区陈登职业技术学校曹艳琴（编写第一、三章），郭建、吴建平（共同编写第二章），高翠英（编写第七章），广东省佛山市顺德区胡锦超职业技术学校骆愫颖（编写第四章），广东省惠州商业学校周翠俭、辛波（共同编写第五章），广东省顺德区容桂职业技术学校杨炳光（编写第六章）。对他们为本书所作出的贡献，我们表示衷心感谢。

　　全书由徐群教授、梁泽洪校长主审，最后由曹艳琴统一修改定稿。本教材在编写过程中，得到了广东技术师范学院徐群教授及廉捷主任、暨南大学出版社苏彩桃主任的指导和支持。正是有了诸多志同道合者在百忙之中抽出时间参与此书的编写与出版工作，本书才得以顺利出版，在此一并表示感谢。最后感谢各位对本书的大力支持！

编　者

2013 年 6 月 20 日